# 财富自由

## 从 0 到 1

### 普通人财富增长的密码

王然 ○ 著

人民邮电出版社

北京

# 财富自由

## 从0到1

## 破解财富增长的密码

王然◎著

人民邮电出版社

北京

**图书在版编目（ＣＩＰ）数据**

财富自由从0到1：破解财富增长的密码 / 王然著
. —— 北京：人民邮电出版社，2023.4
ISBN 978-7-115-60803-1

Ⅰ．①财… Ⅱ．①王… Ⅲ．①投资—通俗读物 Ⅳ.
①F830.59-49

中国国家版本馆CIP数据核字(2023)第031359号

## 内 容 提 要

　　个人的财富自由，可以通过资产的多样化配置、改变理财思维和习惯实现。想让自己的财富保值增值，人们就要在思维与习惯方面不断优化，而获得财富、制订财富自由计划、改变理财思路和行为习惯、进行资产配置等，都需要专业知识。

　　本书详细地讲解了个人追求财富自由的过程中，各阶段适用的投资策略与方法。本书用通俗易懂的语言向个人投资者、创业者介绍了怎样去寻找适合自己的投资方式，并讲述了守住个人财富的思路和方法，实用性较强。本书适合投资者、创业者等阅读使用，也适合职场白领、自由职业者阅读参考。

◆ 著　　　　王　然
　　责任编辑　李士振
　　责任印制　周昇亮

◆ 人民邮电出版社出版发行　　北京市丰台区成寿寺路 11 号
　　邮编　100164　　电子邮件　315@ptpress.com.cn
　　网址　https://www.ptpress.com.cn
　　三河市中晟雅豪印务有限公司印刷

◆ 开本：880×1230　1/32
　　印张：8　　　　　　　　　2023 年 4 月第 1 版
　　字数：218 千字　　　　　　2024 年 12 月河北第 2 次印刷

定价：79.80 元

读者服务热线：**(010)81055296**　印装质量热线：**(010)81055316**
反盗版热线：**(010)81055315**
广告经营许可证：京东市监广登字 20170147 号

　　财富自由是很多人的梦想，因为不少人认为，实现财富自由后可以选择自己喜欢的生活方式、自己喜欢的事业，工作不再仅是为了生存，也是因为爱好。从某种角度看，财富自由能让我们给家人提供更好的生活，也能让他们按照自己的意愿去选择生活，而不是被动地接受生活。

　　笔者对投资理财有浓厚的兴趣，在房产、股票、基金、贵金属、保险、收藏品等多个投资领域有三十多年实战经验，阅读了上百本国内外的投资理财类书，在此基础上总结出一套迈入财富自由门槛的思路和方法。

　　多年来，我看到身边不少朋友因为不懂投资，屡屡遭遇失败，把多年辛苦打拼得来的钱都交了"学费"，十分痛心；这些年笔者也成功帮助不少亲人朋友进行了资产配置，帮助他们购买到了心仪的房产，这让笔者感到自己的知识和技能没有浪费，非常欣慰。

　　为了让更多的家庭、更多的朋友走出投资的误区，尽快走上财富自由的道路，真正地享受人生，帮助更多的家庭通过实现合理的资产配置，拥有富足的生活，体会理财和生活的乐趣，这是我写本书最大的初衷。

本书与其他投资理财类书的区别在于以下几方面。第一，本书是一本详细讲述具体操作方法的手册，不会空泛地讲道理。很多投资理财类书都千篇一律，没有太大的实战价值，当大家实际操作时，发现这些书里的东西大多用不上。本书立足实务操作，就是希望大家能够把书中的理念和方法运用在实际理财中，并能有所收获。第二，本书深入剖析了很多理财误区，这些误区是错误的认知导致的，如果不及时改正认知错误，就可能会让人在错误的道路上越走越远。第三，本书有很多具体的操作方法，包括资产配置的具体比例、不同情况下进行保险配置的实操方案等，这是很多投资理财类书所没有的。第四，本书博采众长，笔者将自己阅读过的上百本投资理财类书中理财思路的闪光点都内化到了本书的理财框架和实际操作之中。

本书的雏形来自儿子刚出生时，笔者写给他的一本理财书，笔者希望把自己多年的理财经验写下来留给他。感谢我的儿子果果，感谢你克服万难，来到这个世界；感谢我的爱妻"小兔子"，没有你就没有我们这个温暖的家。

王然

2023 年 3 月

# 目录

**第 1 章　实现财富自由从 0 到 1**

1.1　**我们为什么要追求财富自由** ································ 2

　　1.1.1　财富自由能带给我们什么 ···················· 2

　　1.1.2　他们的财富是如何变化的 ···················· 3

1.2　**什么是财富自由** ········································ 5

　　1.2.1　财富自由的三大要素 ························· 6

　　　　图 1.2-1　财富自由的三大要素 ··········· 6

　　1.2.2　财富自由的四个层级 ························· 7

1.3　**不同层级财富自由的标准** ····························· 8

　　1.3.1　财富自由标准界定的逻辑 ···················· 9

　　1.3.2　各层级财富自由对应的具体标准 ··············· 10

　　1.3.3　迈入财富自由的门槛要趁早 ··················· 12

**第 2 章　你也能拥有一千万元**

2.1　**一千万元意味着什么** ··································· 16

　　2.1.1　一千万元与四十五万元 ······················ 16

　　2.1.2　遍地都是千万富翁吗 ························· 18

2.2　**我有个朋友是千万富翁** ······························· 20

　　2.2.1　靠房产置业成为千万富翁的朋友 ··············· 20

　　2.2.2　靠办企业成为千万富翁的朋友 ················· 21

2.2.3　靠做小生意成为千万富翁的朋友 ·············· 21

2.2.4　靠做期货成为千万富翁的朋友 ················· 22

2.2.5　找准路径，你也能拥有一千万元 ·············· 22

2.3　**千万富翁的共同特点** ································· 23

2.3.1　喜欢学习、善于学习 ························· 23

2.3.2　善于经营婚姻 ······························· 24

2.3.3　有良好的人际关系 ··························· 25

2.3.4　形成良性投资循环 ··························· 27

　　　图 2.3-1　投资循环 ························· 27

2.3.5　逆向思维在投资中的重要性 ················· 28

2.3.6　空有理论，不敢用于实践是成不了千万富翁的 ······· 30

2.3.7　勇于克服困难，坚定理想 ··················· 31

# 第 3 章　制订自己的财富自由计划

3.1　**如何给自己做盘点** ······························· 34

3.1.1　要成为千万富翁，请先树立信心 ·············· 34

3.1.2　梳理你的资产分析表 ························· 36

　　　表 3.1-1　家庭资产分析表 ··············· 37

3.2　**如何找好自己的赛道** ····························· 38

3.2.1　找出时代的大势 ····························· 38

3.2.2　40 多年来十次大的创富机会 ················· 39

3.2.3　抓不准大势、选错了赛道，努力可能没有意义 ······· 41

3.3　**抓住机会、一决胜负** ····························· 42

3.3.1　成功的路上需要"赌"一把 ·················· 43

3.3.2　通过读书进行知识储备 ······················ 44

图 3.3-1　个人积累的核心 ………………………………… 44

3.3.3　不断提升对所选赛道的认知 ………………………45

3.3.4　确立短期的理财目标 ………………………………46


# 第4章　如何改变理财思路和行为习惯

4.1　**节约与攒钱** ……………………………………………… 50

4.1.1　收入和资产的区别 ……………………………………51

4.1.2　节约的要义 ……………………………………………52

4.1.3　节约从点滴做起 ………………………………………54

4.1.4　如何攒钱 ………………………………………………55

4.1.5　节约与攒钱的注意事项 ………………………………57

图 4.1-1　节约与攒钱的注意事项 ………………………57

4.2　**走出债务陷阱** ……………………………………………… 61

4.2.1　紧跟潮流带来的是借贷消费 …………………………61

4.2.2　怎么避免超前消费 ……………………………………62

4.3　**古巴比伦理财五大法则** …………………………………… 64

4.3.1　法则一：留下收入的10% ……………………………65

4.3.2　法则二：发挥金钱的作用要合理投资 ………………68

4.3.3　法则三：听从智慧之人的意见 ………………………69

4.3.4　法则四：不在陌生行业投资 …………………………72

4.3.5　法则五：绝不贸然投机 ………………………………75

图 4.3-1　需要注意的投机情形 …………………………77

# 第5章 筑好千万资产的护城河

5.1 **理解保险的本质和误区** ·············· 80

  5.1.1 保险的本质是什么 ··············· 80

  5.1.2 理解保险的误区 ··············· 83

5.2 **配置保险的思路（青年配置方案）** ·············· 85

  5.2.1 青年保障类保险怎么买 ··············· 85

  5.2.2 青年保障类意外险怎么买 ··············· 86

  5.2.3 青年保障类医疗险怎么买 ··············· 87

  5.2.4 青年保障类重大疾病保险怎么买 ··············· 88

    图 5.2-1　重大疾病保险购买原则 ··············· 90

  5.2.5 青年保障类重大疾病保险的保额为多少合适 ······· 92

  5.2.6 青年保障类定期寿险怎么买 ··············· 93

  5.2.7 青年理财类保险配置的思路 ··············· 96

5.3 **配置保险的思路（未成年人配置方案）** ·············· 98

  5.3.1 未成年人的意外险怎么买 ··············· 99

  5.3.2 未成年人的医疗险怎么买 ··············· 99

  5.3.3 未成年人的重疾险怎么买 ··············· 100

5.4 **配置保险的思路（老年人配置保险方案）** ·············· 102

  5.4.1 为什么老年人不买重疾险 ··············· 102

  5.4.2 老年人怎么买意外险 ··············· 103

  5.4.3 老年人怎么买医疗险 ··············· 104

    图 5.4-1　挑选防癌医疗险要留意的三个变量 ········· 104

5.5 **购买保险的注意事项** ·············· 105

  5.5.1 购买保险前的注意事项 ··············· 105

  5.5.2 购买保险时的注意事项 ··············· 106

# 第6章　财富自由通路上的资产配置原则及方案

6.1 **资产配置的模型与原则** ⋯⋯⋯⋯⋯⋯⋯⋯⋯⋯⋯⋯⋯⋯⋯ 116

　6.1.1　资产配置的模型 ⋯⋯⋯⋯⋯⋯⋯⋯⋯⋯⋯⋯⋯ 116

　　图 6.1-1　资产配置模型的四部分 ⋯⋯⋯⋯⋯⋯⋯ 117

　6.1.2　"实物资产为核心"原则 ⋯⋯⋯⋯⋯⋯⋯⋯⋯ 118

　6.1.3　"两个互相转化"原则 ⋯⋯⋯⋯⋯⋯⋯⋯⋯⋯ 120

　　图 6.1-2　"两个互相转化"原则的示意 ⋯⋯⋯⋯⋯ 120

　6.1.4　"三个保持"原则 ⋯⋯⋯⋯⋯⋯⋯⋯⋯⋯⋯⋯ 122

　　图 6.1-3　现金类资产配置的三个重要原则 ⋯⋯⋯ 122

　6.1.5　"各类资产比重分配"原则 ⋯⋯⋯⋯⋯⋯⋯⋯ 123

　6.1.6　"各类资产的动态平衡"原则 ⋯⋯⋯⋯⋯⋯⋯ 125

　　表 6.1-1　王先生2005—2009年各年的总资产收益率⋯ 129

6.2 **现金类资产** ⋯⋯⋯⋯⋯⋯⋯⋯⋯⋯⋯⋯⋯⋯⋯⋯⋯⋯⋯⋯ 132

　6.2.1　现金类资产的配置 ⋯⋯⋯⋯⋯⋯⋯⋯⋯⋯⋯ 132

　6.2.2　现金类资产的使用 ⋯⋯⋯⋯⋯⋯⋯⋯⋯⋯⋯ 134

　6.2.3　现金类资产具体配置方式 ⋯⋯⋯⋯⋯⋯⋯⋯ 135

　6.2.4　现金类资产管理实战之日常资金管理 ⋯⋯⋯ 136

　6.2.5　现金类资产管理实战之大额资金管理 ⋯⋯⋯ 137

6.3 **股票、基金** ⋯⋯⋯⋯⋯⋯⋯⋯⋯⋯⋯⋯⋯⋯⋯⋯⋯⋯⋯⋯ 140

　6.3.1　为什么股市不要放太多资金 ⋯⋯⋯⋯⋯⋯⋯ 141

　　图 6.3-1　个人投资者炒股很难成功的原因 ⋯⋯⋯ 141

　6.3.2　请深入了解价值投资 ⋯⋯⋯⋯⋯⋯⋯⋯⋯⋯ 143

　6.3.3　长期投资就能获得丰厚的回报吗 ⋯⋯⋯⋯⋯ 144

　6.3.4　怎么对待开放式基金 ⋯⋯⋯⋯⋯⋯⋯⋯⋯⋯ 145

　6.3.5　基金里隐秘的骗局 ⋯⋯⋯⋯⋯⋯⋯⋯⋯⋯⋯ 146

　　表 6.3-1　各类型基金经理的资产管理水平 ⋯⋯⋯ 149

　6.3.6　均值回归规律及其应用 ⋯⋯⋯⋯⋯⋯⋯⋯⋯ 150

6.4　黄金 ················································ 152

　　6.4.1　对黄金的理解 ····················· 152

　　6.4.2　为什么要配置黄金 ············· 153

　　6.4.3　怎么配置黄金 ····················· 153

6.5　房产类资产 ···································· 155

　　6.5.1　如何理解房子 ····················· 155

　　6.5.2　买房子的历史与天时 ········· 162

　　6.5.3　买房子的"人和" ············· 170

　　6.5.4　房子怎么买——技巧篇 ····· 176

# 第7章　守住千万资产与扩大战果同样重要

7.1　资产的保值与赛道的坚守 ·········· 196

　　7.1.1　资产的保值 ························· 196

　　7.1.2　坚守自己的赛道 ················· 198

7.2　婚姻理财篇 ···································· 199

　　7.2.1　婚姻是人一生中很重要的投资 ··· 200

　　7.2.2　如何选择你的另一半 ········· 203

　　7.2.3　"财政大权"谁掌握 ········· 206

　　7.2.4　家庭理财商谈 ····················· 210

　　7.2.5　家庭理财会议 ····················· 216

　　7.2.6　家庭记账和家庭会议 ········· 219

　　7.2.7　梦想清单 ····························· 222

　　　表 7.2-1　梦想清单 ··················· 223

　　　表 7.2-2　梦想清单（修正）····· 224

　　7.2.8　你不知道会议 ····················· 225

**7.3　子女财商教育是守住千万资产的金钥匙** ·················· 227

　　7.3.1　子女财商教育的重要性 ························ 227

　　7.3.2　怎么对孩子尽早开展财商教育 ·············· 229

　　7.3.3　子女财商教育的误区 ························ 232

**7.4　通往财富自由路上的坚守** ························ 233

　　7.4.1　干自己喜欢的事情或事业 ·············· 234

　　7.4.2　健康是最大的财富 ························ 235

**7.5　遗产传承的问题** ························ 240

　　7.5.1　遗产传承方案 ························ 240

　　7.5.2　遗产理财规划 ························ 241

第 1 章

# 实现财富自由从 0 到 1

# 1.1　我们为什么要追求财富自由

财富自由，是当今社会的热议词。什么是财富自由？我们为什么需要财富自由？从经济学角度而言，追求财富自由的投入产出比如何？这些问题值得我们思考。

## 1.1.1　财富自由能带给我们什么

不妨先从人们追求财富自由的原因开始了解。

首先，财富自由能带来更多样的人生选择。有多少人为了生计，选择平淡枯燥过一生，从事并非真正喜欢的职业，在不适合自己的岗位上坚持十几年甚至一辈子。如果财富自由，你可以选择你喜欢的职业，比如美食评论家、特色旅游评价师、摄影师、编剧等；或者不工作，去做自己想做的事情，比如旅游、写书、潜水等。当你不用考虑经济问题，就更有机会做想做的自己。

其次，财富自由能解决不少现实问题。实现财富自由后，诸如自己养老、孩子结婚、老人生病等问题，至少开支方面不用发愁，这能带来很大的安全感。

再次，社会不断变化，不断出现的意外情况增加了社会生活中的诸多不确定性，实现财富自由有助于消除这些不确定性。

时代的变化，可能会给我们正常的生活带来一些不确定性，我们是被动等待风险的到来而仓促应对，还是主动作为以尽早实现财富自由、筑起经济长城呢？

## 1.1.2　他们的财富是如何变化的

我身边朋友的亲身经历可以分享给大家。

从名牌大学毕业后，小鹏在某大型高新技术公司就职，年收入 50 万元以上。虽然没有获得父母太多的支持，但他靠自己和妻子的努力过上了不错的生活。

小鹏先是在北京房山买了三居室，待孩子快上小学时，又以高负债的形式在北京西城区买了学区房。后来，小鹏公司很多中年员工因"不成文的规定"被辞退。其中有一位离职员工是小鹏的朋友，离职后说要开个店，找到小鹏融资 50 万元。因为大家在公司里收入都比较高，据说很多人也给他"融资"了，小鹏就没太多想，把 50 万元给了朋友。

没想到，朋友卷钱跑了。

原来，他根本不是为了开店，只是为了跟老同事们"圈钱"，到现在，这钱也没追回来，小鹏无奈吃了哑巴亏。

屋漏偏逢连夜雨，小鹏也被公司辞退了。这下，家里的主要收入来源断了，房贷的巨大压力一下子就摆在了这个家庭的面前。

小鹏虽然有名牌大学毕业生的身份和大公司的工作经验，但人到中年也不好找到像原来收入那么高的工作。为了生计，他找了个只有原先收入一半的工作先干着，家里在经济方面捉襟见肘。夫妻俩盘算等孩子一上学，赶紧把学区房卖了……

Y 前几年跳槽没跳好，在新公司待不下去，之前的公司也回不去了，走上了漫漫求职路，一两年就放弃求职了，现在在家专职炒股，没有赚到钱还赔了不少。为了生计，Y 没办法，把自己唯一的住房给卖了，还是把炒股当成主要收入来源。可惜到目前为止，这个收入还是负数。

蒋总，三十多岁就靠开办公司和购置房产实现了财富自由。他的总资产有几千万元，一年下来被动收入（房租、利润分成、理财收益等）最少也有百八十万元，超过了很多夫妻上班的工作收入。他太太嫁给他后基本就没工作过，这几年孩子大了，太太主要忙着学画画、开画展，生活好不惬意！每次他和我把酒言欢，都让我帮他策划购置别墅、购买豪车的事。

　　我的初中同学陈总，并没有什么豪门背景。我清楚地记得，十几年前他参加我们同学的婚礼时，还只是开普通小轿车。后来，他创业了，现在还担任某互联网公司 CEO。他的资产早就过亿元了，全家人早已不用为钱发愁。他也奔向财富自由了。

　　这些真实的故事，让我们明白财富自由的重要性。你的一生是步履维艰，还是阔步前行，你的财富自由程度发挥着一定作用。

# 1.2　什么是财富自由

　　前面我们讲了财富自由的重要性，那么到底什么是财富自由？这个问题的答案可以说仁者见仁，智者见智，很多专家给出的答案都不太一样。国际上通常的说法：财富自由是指个人被动收入等于或大于生活中的日常开销。而被动收入是指不需要花费太多的时间、精力（可能稍微花点时间和精力）管理，就能自动获得的收入。当人们进入这种状态就可以说已经实现了财富自由。

## 1.2.1　财富自由的三大要素

许多人对财富自由梦寐以求，但财富自由并不单指资金或金钱充足，还包括其他要素。

财富自由的三大要素如图 1.2-1 所示。

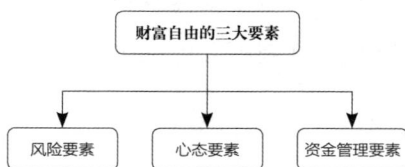

图 1.2-1　财富自由的三大要素

首先是风险要素。财富自由并非静止的状态，要实现财富自由就需要做好风险管理。风险管理能规避偶然因素的影响，能减弱周期波动的影响，能让人们在面临风险时不至于"一夜回到解放前"。

其次是心态要素。财富自由在很大程度上基于心态自由。只要你的心态平稳，不贪、不急躁，就能减少很多不必要的情况发生。

最后是资金管理要素。个人的资产需要根据经济发展、社会环境来进行合理配置，而止损、获利、控制资金量等专业行为，都需要对应的知识和能力。

## 1.2.2 财富自由的四个层级

财富自由是分层级的，正如互联网上的说法："我实现了'车厘子自由'""我实现了'超市自由'"。"车厘子自由"也好，"超市自由"也罢，是指个人当前经济状况能确保在购买车厘子，在逛超市时不用过多考虑价格。喜欢吃车厘子就多买点，这就是"车厘子自由"。在不浪费的前提下，想买超市里的什么就买什么，这就是"超市自由"。

财富自由主要可以分成四个层级。

第一个层级的财富自由，即被动收入能满足日常的支出需求。例如，如果个人年均正常支出 30 万元，而其年均被动收入能达到这个数字，就意味着实现了第一个层级的财富自由。

第二个层级的财富自由，即一生视角的财富自由。该层级意味着不再站在当下的一年半载去观察，而是站在未来人生的角度去观察个人总被动收入是否能覆盖个人所有的日常支出和长期经济支出。

长期经济支出，是指如子女的教育资金、婚嫁支出、婚房房款或者婚房的首付款；或者特殊、意外支出，如家人大病治疗及疗养资金、开车发生第三者责任的事故所必需的赔偿金等。一生视角的财富自由，实现起来比第一个层级的财富自由相对更难。

第三个层级的财富自由实现起来就更难了，个人被动收入不仅要覆盖普通日常消费和上述大项、特殊、意外支出，还要覆盖奢侈型消费。例如，经常出国旅游，甚至一年在国外待上几个月；经常去各地高档餐厅品尝美食；家里雇用高素质家政服务人员，由其负责家务、开车等事宜；子女在国外上学或者上国际学校、私立学校……这些都超出了我们日常消费的范围，依据个人经济条件而选择。如果这些需求能获得个人财富的充分支持，就意味着达到了第三个层级的财富自由。

第四个层级的财富自由，意味着除了上述的需求全部被满足外，经济上还有余力。例如，购买价格昂贵的别墅，购买私人飞机、游艇等。这一层级的财富自由，普通人恐怕难以企及。普通人更多通过学习本书，依靠自己合法合理的理财及投资规划，至少实现第二个层级的财富自由，最好能实现第三个层级的财富自由。

## 1.3　不同层级财富自由的标准

了解了财富自由层级划分的一般情形后，我们不禁要更深入地思考：不同层级财富自由的具体标准是什么？这将是本部分将要解答的问题之一。

## 1.3.1　财富自由标准界定的逻辑

财富自由的定义原本就是因人而异的。在消费偏好上，并没有多少、高低、对错之分。

同样是餐饮，有人满足于普通的消费，喜欢家常便饭、寻常口味，一盘西红柿炒鸡蛋、一盘醋熘土豆丝，就是不错的午餐，如果去高档西餐厅吃牛排，反而会觉得不对味。有人即便没有实现财富自由，也希望吃遍天下美食，价格并不是其主要考量因素。

上述两类人群，在定义自己的饮食消费自由时，使用的标准就不同。

当然，餐饮消费只是个例而已。现实中，很多人确实没有过高的物质享受追求，他们希望的是能拥有工薪族的普通生活。对他们而言，财富自由的实现就相对容易，用金钱衡量财富自由时，标准就相对较低。而对生活品质的要求高、细节讲究多的人，就很可能在衣食住行等方面花费较多，相对而言，其实现财富自由的难度更大，用金钱衡量财富自由时，标准会相对较高。

有网友说："去农村住，吃家常菜，白天看书，晚上和朋友唱歌、聊天，这样的财富自由生活，可能只需要 100 万元，最多几百万元就够了。"相反，如果你生活在一线城市，在衣食住行各方面都比较讲究，生活标准高于普通工薪族的平均水平，即便有 1 000 万元也不一定能够实现财富自由。

因此，实现财富自由的标准是不一样的，它依据个人需求不同而不同。脱离个人需求来界定财富自由标准，其实没有太大意义。

## 1.3.2　各层级财富自由对应的具体标准

不妨以当地中档收入水平，来大致估算在大城市达到前三个层级的财富自由需要的资产。

以一线城市为例，想要达到第一个层级的财富自由，即达到个人年均支出 43 000 多元（统计局公布数据）的水平，家庭年均支出则约为 13 万元（仅以三口之家计算）。

需要注意的是，该支出数据并不包括房贷，如果按相关机构统计出的某一线城市有房贷家庭平均月还款 7 281 元计算，一年下来加上房贷，家庭年均支出为近 22 万元。该支出数据还未包括必要保险的保费支出。

因此，即便想要在一线城市达到最低层级的财富自由，被动收入也得达到年均 20 多万元的水平。

如果想要达到第二个层级的财富自由，就要把今后大概率会花的一些"大钱"考虑进去，以每年增加小支出项目来应对。例如，未来的大项支出，可以通过理财类保险来提前保障，即每年交适量保费，未来就会确定有资金支持自己解决问题。对此，本书后面将有专门的章节详细讲解实现路径。

此外，还可以通过投资实物资产来对抗通货膨胀。在北京现行的限购政策（截至 2022 年 10 月）下，一个家庭可以买两套北京的房子，可以选择其中一套自住，另一套可以用于将来需要大钱时变现。

不过，选择这种投资方案，不论是增加保费的支出，还是增加房贷的支出，年均支出总数都不会少。以投资 20 年，年均投资 10 万元，20 年后可以变现 300 万~400 万元来应对大项支出的方案计算，投资者每年需要增加投资金额 10 万元，再加上应对意外事件所需要的专门保险的保费，原来 20 多万元的年收入就能够达到的财富自由门槛，就提高到三四十万元。当然，上述方案是以一线城市为例计算的，其他城市可以酌情减少。

想要达到第三个层级的财富自由就更难了。因为奢侈型消费往往比较高，数额也难以准确估计，此处简化条件、粗略计算来演示。家政人员，每年需要支付其薪资 5 万~10 万元；奢侈型购物消费，年均支出为 10 万元；国际旅游度假消费，以每年出国两次计算，支出为 10 万元甚至几十万元；孩子上国际学校，每年支出也得 20 万元以上。再加上各类尚未统计的项目，即便粗略估计，年均支出至少增加 50 万元。这意味着，想要实现第三个层级的财富自由，被动收入每年至少要近 100 万元。

### 1.3.3 迈入财富自由的门槛要趁早

张爱玲说："出名要趁早。"今天，财富自由的实现也要趁早，不能太晚，在 45 岁左右能实现比较好。

为什么要在 45 岁前迈入财富自由的门槛呢？

通常而言，45 岁后人的体力、思考能力、专注能力、创新能力都会明显下降，干事创业的雄心壮志有所消退；但此时却上有老、下有小，依然是家里经济上的顶梁柱，即便从事着不喜欢的职业也必须坚持下去。

从 45 岁到 60 岁，整体状态大抵如此，那么到 60 岁退休之后呢？很多人到此时终于开始为自己考虑，想要真正为自己活，但这个年纪身体机能会出现各种问题，即便有了一定的财富，想要去长途旅游、享受人生，也不一定具有对应的健康资本。更不用说还可能帮子女带孩子、操持家事，本来设想的自由生活也就成了泡影。

60 岁以后，孙辈成长了，自己也走不动了，甚至需要人日常照顾而住进养老院。此时，回想中年时的期盼和渴望，发现终究没法去完成了，最后只能抱憾终身。

如果你不想过这样的一生，就要在 45 岁前摆脱用体力、时间和精力赚钱的桎梏，转变为靠钱去赚钱的模式。在中年时就开始享受后半生，做自己想做的事情，或者成就一番事业，或者享受人生，追求不同的体验，方可谓不负人间此行。

为什么这个年龄点不是 35 岁，而是 45 岁呢？这是因为绝大多数人的工作从 22~25 岁才开始，35 岁时，工作年限才 10 年或十多年，凭个人积累，很难迈入财富自由的门槛。众所周知，刚入职的几年往往薪酬是比较低的。即便个人将薪酬中节省下的部分全部拿来投资，按照一般的投资收益率，也很难在 10 年的时间内迈入财富自由的门槛。相比之下，30~40 岁是个人财富快速积累的阶段。此时，你在职场早已不是新人，可能是企业的中高层管理人员，薪水自然会水涨船高。到这个阶段，个人在投资理财方面积累了充分的经验，资产增长的速度也相应提高了。

在讨论 45 岁前实现财富自由的话题时，我们应建立相对的自信。这是因为，所谓的"迈入财富自由的门槛"并非遥不可及。例如，达到最低层级的财富自由即年均被动收入 20 多万元的水平，这虽然有一定难度，但却是完全有可能通过个人的工作、投资，在 20 年左右的时间实现的。

第 2 章

**你也能拥有一千万元**

# 2.1　一千万元意味着什么

正如前文所阐述的那样，财富自由并非一成不变的概念，而是相对动态且因人而异的。这意味着，财富自由不能拿数学上的绝对值来衡量。正如有人说："我有一亿元就财富自由了。"但假设 20 年后，一亿元的购买力，也就相当于现在的一百万元，他又当作何想法呢？为此，我们要明白财富自由的定义本质是在描述现金流的状态，它意味着从即刻开始到终老，你的收入将始终可以大于你的支出。

## 2.1.1　一千万元与四十五万元

拥有多少钱才能算是财富自由呢？有人赋予了这个"自由"不同的数值，但其底层逻辑都是错误的。那么，我们又为什么拿出一千万元这个数字来进行举例说明呢？主要是为了给大家直观的、便于计算的目标。实际上，这一千万元其实主要描述资产的总体配置，而并不完全代表一千万元现金。

进一步考虑，为什么要把金额定为一千万元，而不是五百万元或者两千万元呢？

首先，将金额定为一千万元，是充分考虑到一线城市生活成本的结果，如果在其他城市可以酌情减少。

我们不妨做粗略计算。目前，风险较低的投资渠道如万能账户（后面会详细讲解）的年化收益率在 5% 左右，银行理财产品中利率比较高的低风险产品的年化收益率大概在 4%。如果按 4.5% 计算，一千万元的年收益就是四十五万元。换句话说，在保证一千万元本金不受损失的前提下，选择收益率与预期偏差很小的投资渠道，一年的稳定收益为四十五万元。

那么，年入四十五万元意味着什么呢？根据上文分析，基本超过了第二个层级财富自由的水平。

看到这里，可能你有所疑问："一千万元不是门槛吗？怎么都已经超过第二个层级财富自由的水平了？"

其实，我们还应考虑两个重要因素：首先，一千万元是按现金类资产计算的，并没有考虑房产，假设花五百万元购买自住房（一线城市的房价水平），然后剩下五百万元的收益也就二十万元左右，相当于第一个层级财富自由的水平。

换种模式，如果不在一线城市买房，选择租房，两居室的月租金需要七八千元，一年的租金花费近十万元。此时，一千万元的稳定收益也就变成三十五万元了。但是，在现阶段，这种模式往往不被人接受，更多的人还是偏向于买房。

其次，我们还要考虑低风险收益率的下降和通货膨胀水平上升的可能性。从现实来看，低风险理财类产品的收益是不断走低的，也许今年能收入五十万元，过两年可能就变四十万元了，再过几年变成三十万元也有可能。同时，用资产收益所购买东西的价格受通货膨胀影响可能会上升。在一升一降之间，金钱的购买力面临贬值，所以必须留出一定富余量。

总之，一千万元才意味着财富自由的真正门槛。

## 2.1.2　遍地都是千万富翁吗

未来长期的情况，很难完全准确估计，但我们可以依据目前的情形，结合未来几年的大概经济走势，估算出直观的数字来量化财富自由门槛。当然，这个数字是动态变化的。因此，本书所说的一千万元，主要是针对 2022 年的情况，为大家提供形象化的参考。

那么，千万资产是不是如网上所言"遍地都是"呢？数据告诉我们，不是。

2021 年，北京净资产超千万元的富裕家庭数量达到了294 000 户，领先于上海的 255 000 户，排名全国第一。杭州、宁波两座城市净资产在千万元以上的家庭数量分别为 48 200 户和 36 000 户。佛山、天津两座城市，净资产在千万元以上家庭数量分别为 31 300 户和 26 400 户，分别位列第九和第十[①]。这是全国排名前十的大概情况，可想而知，越是排名靠后的城市，净资产超千万元的家庭就越少。

因此，千万富翁当然不会遍地都是，即使是财富自由人群最集中的北京，也就不到 30 万户，按全北京 900 多万户的统计基数来看，也只占 3% 左右，其他城市只会更低。

需要注意，所谓的千万资产也包括房产。这似乎又和我们的常识发生矛盾。在很多人看来，北京随便一套房就值千八百万元，有两套房的家庭也很多，怎么实现财富自由的家庭占比如此低呢？

其实，这都是我们观察视角偏差导致的错觉。我们还是用数字说话。据链家网统计，北京二手房交易中，千万元以上的交易仅占总交易量的 10% 左右，挂牌的价值千万元以上的房产占总库存的比例也是类似结果。这说明，即便是在北京，也并非遍地上千万元的房产，能拥有两套以上千万元房产的家庭更是凤毛麟角。此外，我们还应考虑到很多家庭的房产背后是高额贷款。一套上千万元的房子，贷款额 400 万元，实际净资产只有 600 万元，在统计家庭资产的时候也只按 600 万元统计，并不会按 1 000 万元统计。

因此，即便很多家庭表面上有两三套房，其中有的房产账面

---

① 相关数据引自胡润百富《2021 中国高净值人群家族安全报告》。

价值也超过千万元，但实际净资产却并没有人们想象的那么高。

## 2.2　我有个朋友是千万富翁

一千万元是财富自由的门槛，并非轻松随便就能迈过的。即便如此，在我们身边也确实存在着千万富翁，他们可能是自己的老同学、亲戚、邻居或同事……

### 2.2.1　靠房产置业成为千万富翁的朋友

我的朋友小磊，刚工作不久，就找到了正确的实现财富自由的方向。可能由于妻子在银行工作，他始终对金融比较敏感，并在 2005 年前后就开始关注房产投资。

小磊先是把父母在北京的老房子卖了，在朝阳区双桥买了一套三居室。后来他发现，这里虽然紧邻八通线，但是却缺乏商业地块，于是等房价涨了一波后，他果断将之卖出，又在朝阳区 CBD（中央商务区）的某小区买了一套房。几年后，他又把原来单位分的一套福利住房卖了，加上贷款，再次在某小区买了一套房。不久后，房价抬升，三十多岁的他仅凭借这两套房，净资产就远超一千万元。

## 2.2.2　靠办企业成为千万富翁的朋友

我的同学 A 总，起初通过父亲介绍的门路，自己注册了公司，向秘鲁销售矿石，一年能赚几十万元，行情好时则能赚两三百万元。后来，他又利用在原单位积累的知识和人际关系，和朋友创立了相关公司，获利更丰。A 总在三十多岁时，就成了千万富翁。

我的另一位同学陈总，创立了一个网站。高中时代，他就已非常优秀，参加了多学科的全国竞赛，取得了优异名次，被清华大学录取。但好强的他，还是参加了高考，数理化三门课程总共也没丢掉 10 分。

当他清华大学本科、硕士毕业后，选择继续留校读博，此时，他萌生了创立公司做在线业务想法。这个商业模式在当时并不被看好，很多人都觉得成不了什么大气候，但他却不畏重重困难和流言蜚语，毅然离开了清华园，办起公司，当公司开发的产品风靡全国后，他的个人资产也很快就达到了几千万元，他成了千万富翁，此后，公司成功上市，他又成了亿万富翁。

## 2.2.3　靠做小生意成为千万富翁的朋友

朋友 L 先生喜欢喝茶，开了一家茶行，专门联系福建茶商，拿到物美价廉的一手货源。由于茶行位置好、人气旺，生意也越来越好，L 先生除了自己销售茶叶，也给小茶商做批发，很快赚到了一千万元。

### 2.2.4　靠做期货成为千万富翁的朋友

我的发小 Z 先生，上小学时就聪明过人，那时候数学奥林匹克竞赛风靡全国，他屡屡获奖。大学毕业后，Z 先生钻研金融，颇有心得，形成了一套独创的贵金属期货交易方法。即便如此，由于贵金属期货属于高风险投资，他每次都会在安全垫比较厚实的情况下出手建仓，利用阶段性行情稳定获利。Z 先生 39 岁那年，利用黄金价格几次跳涨的行情，获得了人生的首个一千万元。

### 2.2.5　找准路径，你也能拥有一千万元

看到这里，读者或许会问：这些人的确很优秀，但感觉跟我的关系不大啊，我不聪明，也没有这样的机会，很难通过复制这样的成功模式跻身千万富翁的行列。

的确，成功模式虽不易复制，但上述事例也告诉大家，成为千万富翁也并非完全不可能。只要能在正确的道路上持续不断地努力，这是有可能实现的。

实现财富自由并非说空话就行，它离不开具体的路径，更离

不开合适的赛道。那些成功者，无一不是找准了最擅长、最合适的赛道。如果你喜欢茶叶，就做跟茶叶有关的事情；如果你喜欢金融，就考虑做投资；如果你喜欢瑜伽，就应该在指导用户练瑜伽的行业上钻研，或许也能由此开启财富自由的大门。

## 2.3　千万富翁的共同特点

千万富翁，总是在沿着自己的道路不断前进，并最终获得财富自由。他们看似各有千秋，内在的成功性格特质、表现的行为习惯，依然是有共同点的，这值得人们观察研究和深入思考。

### 2.3.1　喜欢学习、善于学习

千万富翁都热衷于学习。学习的形式是多种多样的，并不一定是读书、进修。诚然，在学校学习是非常重要的学习方式，但在对财富自由的追求上，在实践中学习、向成功者学习等方式，往往更加重要。

想要获得千万元财富，就要将擅长领域的学习作为头等大事。为了在该领域有所成就，就要深入其中，了解相关的信息，学习相关的技能。例如，我的朋友 L 先生，他并没有通过学校或书本去学习茶叶知识，但他上网学习相关知识，向身边的同行学习，又向一线茶农学习，还为此深入种植园实践，一"扎"进去就是一两个月……这些辛苦的付出，无一不是为了学习。

没有长期、深入地学习，怎么可能成为某领域的专业人士？怎么可能比别人看得更准，抓住机会？怎么敢在关键时刻一掷千金，进行重要投资？如果没有学习，这些都是不大可能发生的。整天幻想天上掉馅饼的人，永远不可能实现财富自由，一切成功背后，都有坚定的付出。

想要获得千万元财富，除了专业领域的学习外，还需要补上"理财"这门课程。实际上，理财知识是目前教育体系中尤其缺少的。上学期间没人教，工作之后又懒得自己摸索，这导致很多人一辈子只是低头拉车，却不抬头看路，不断"内卷"，钱却没攒下多少，一旦身体健康亮起红灯，干不动了，经济上立刻就会捉襟见肘。

为了避免落入如此窘境，我们必须尽早学习理财知识，在实践中锻炼、学习、体会，最终形成一套真正适合自己的理财方法体系。

## 2.3.2　善于经营婚姻

通往财富自由的大道，必然有稳定的基础。正如成功的军事行动，都要有稳定的后方。如果部队既要专注前线，又要分心后方，打仗怎么能赢呢？

积累财富的过程也是一场战争，离不开稳定的大后方，那就是和睦的婚姻和家庭。家庭不仅是亲情的港湾，也给我们源源不断的前进的勇气和动力，是我们追求财富自由的心理基础和精神支柱。

我那位靠经营矿石生意成功的朋友 A 总，其经历就验证了这个道理。

婚前，A 总的前任女友特别"作"，经常因为一点小事破口大骂，甚至动手打人。我们听说这些事，都觉得这个女友也太不靠谱了，后来，两人确实因此分手了。

分手后没多久，A 总就遇到了命中注定的另一半。当时 A 总忙于事业，经常加班到很晚，后半夜才到家，这个女孩就一直等他，给他把饭热了一次又一次，确保他到家能有热饭吃。两个人在一起后，A 总发誓要努力给她幸福的生活，让她去从事喜欢的文学和绘画工作。A 总为此出去打拼，辞职后和朋友创办公司，后来又陆续成立了其他公司，生意越做越大。其实，他的原动力并不是挣那么多钱，而是为了给妻儿提供安逸、稳定、富裕的生活。而做这一切的动力，都来自他幸福美满的婚姻。

### 2.3.3　有良好的人际关系

良好的人际关系，在千万富翁的成长道路上尤其重要。一个人无论能力有多强，当面对庞大的社会竞争体系时，也很难依靠单打独斗实现成功。相反，越是高价值的事情，往往越是需要整条产业链甚至整个经济生态的共同作用，由多人共同努力才能办成。

追求财富自由，无论是干事业、做投资，都离不开他人的帮助。因此，有良好的人际关系是成功的助推剂和润滑剂。任何人想要在个人选择的领域有所成就，就需要在这一领域有志同道合的朋友，得到他们的充分帮助，以成就梦想。

我的朋友橘子，擅长社交。虽然她学历不高，但事业却做得非常成功，在全球多个地方都有工厂，掌握多家跨国企业的股份，在中外多个城市都购置了房产。她虽然才三十多岁，却已实现了财富自由。

当年，橘子学习成绩很一般，专业能力也较普通，她的优点在于会说话、善观察、熟悉为人处世的道理。因此，橘子身边总是有一大堆朋友，到哪都有人帮她，连我有时碰到一些人际方面的困难，也会咨询她，没准就有意外的收获。

在商业社会，很难有单方面的持续付出。我们不仅要善于广交朋友，还要学会分利、让利给朋友，这样友情才能长久。如果好处都自己占了，那身边的人即便有能力，也不会再伸出援手。相比之下，橘子对朋友从不吝啬，平时尽可能去帮助别人。大家合伙做生意时，她也总是让朋友多得利，让朋友获得超预期的满意。时间长了，她的收益也随着和他人友情的增长而不断增加。

## 2.3.4　形成良性投资循环

真正的财富积累，不是通过谋取高薪职位得来的。靠高薪职位赚钱需要不断付出，如果有一天精力跟不上了，高薪生涯也就到此为止了。为此，我们要学会靠钱去赚钱，而这显然离不开投资。观察身边的千万富翁，我总结出这样的投资循环，如图2.3-1 所示。

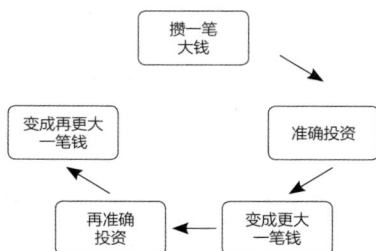

图2.3-1　投资循环

普通人如何才能进入这样良性的循环呢？

第一步是必须尽快赚取人生的第一桶金。它或是工作所得，抑或是将独特的创意付诸实践后的收获。无论如何，必须有所积蓄，否则，第一桶金到来就会慢很多，实现财富自由的时间，也就要晚很多年。

第二步是找准投资机会，敢于下重注。我有个朋友 Y，当初选择辞职炒股，咨询我的意见，我当时并不太赞同。

　　我问他："炒股要想赚钱，你必须得有相当高的水平，敢下重注（但他总是进行超短线投资），而且要有一定的本金，雪球才能滚起来。你是否具备这样的能力呢？"

　　Y 没有听我的劝说，毅然走上了辞职炒股之路。后来，他果然遭遇挫折，将工作时攒的几十万元全部赔光，还欠了朋友不少钱，最后不得不把房子卖了还债。

　　同样是炒股，我另一位朋友 W 就截然不同了。一方面，他了解股票，长年只紧盯一两只股票，积年累月下，他发现了股票涨跌的规律。无论市场发生何种情况，或者股价会做出何种反应，乃至偏离应有价值的百分之多少，他都能进行合理估算。另一方面，他有相当数量的积蓄，能在关键时刻下重注，又能适当补仓，因此当别人抛售时他大胆吃进，在股价拉高后再逐步出货，每次都是上百万元的交易量（经常是分几笔投入的）。就靠这一两只股票，他十年间实现了不低的收益率。

## 2.3.5　逆向思维在投资中的重要性

　　逆向思维，在投资中非常重要。投资界有名言："别人贪婪时你应该恐惧，别人都恐惧的时候你应该贪婪。"描述的正是逆向思维。

　　经济学的规律同自然规律有相通之处，正如万物负阴以抱阳，阴阳永远在相化相生，循环往复。人们总觉得这次会"不一样"，但当我们将观察视角对准拉长的历史来看，一切没有什么不同，就是在不断重复而已。

对投资理财，我们必须要抱有清醒认识，敢于、善于使用逆向思维。使用逆向思维并非刻意追求和别人不同，而是强调即便不同，也要坚持自己的正确想法，不被别人带偏方向。

多年前，我在北京六环外买了一处房产。当时的房价每平方米只有 2 000 多元，今天的年轻读者或许会怀疑自己看错了，但事实确实如此，彼时每平方米只需要 2 000 多元，总价不过 30 万元，就能买到首都两室一厅、南北通透的房子！

当时，我个人判断，北京作为首都，其房价必然会伴随社会发展进步而提升，由于提价不止一波，因此再偏远的地段房价也会水涨船高。实际上，我购房的时期，正处于我国城镇化快速发展的阶段，房地产发展也处于黄金时期。此时，很多普通家庭的住房条件还比较差，有些家庭甚至停留在 20 世纪后期的水平。据此我判断，根据经济学中的吉芬效应，当大家都饿肚子的时候，土豆会比牛肉更抢手，从收益率上看，土豆会比牛肉更高。

后来，事实证明了我的判断是对的，30 万元买的房产，很快涨到了 60 万元。很多朋友来劝我："你那房子赶紧卖了吧，趁现在还能卖出去。你想想回头北京房价都跌了，谁还买你那么远的房子啊……"

我没有听他们的。

又过了两年，房子涨到了 100 万元，这时，又有朋友来劝我说："你那房还没卖呐？你也太贪心了吧，赚了这么多还不知足啊，小心都赔回去！"

我依然没放在心上，坚持自己的判断。我认为，房价普涨的浪潮并没有结束。

后来的结果，大家能猜到了吧？这套房产在最高点涨到了近 300 万元！

投资是真金白银的事，必须下功夫钻研，形成自己的决策方向，而不是别人说什么，都觉得有道理。舆论一吹风，就跟着倒，那样当然难以实现财富自由。

## 2.3.6　空有理论，不敢用于实践是成不了千万富翁的

成为千万富翁、实现财富自由的道路，需要一步步走出来，每一步都必须勇敢地迈出去。如果只会学习，只掌握理论，很难实现梦想。事实上，一些人整天教授他人经济理论、理财技能，结果自己的财务情况并不尽如人意，自己实现财富自由也遥遥无期。个中关键，不在于他的知识水平如何，而在于他没有真正付出努力去实践自己的知识。

反观我前面提到的我的朋友陈总，即便他非常聪明，但在事

业起步时也异常艰难。他喜欢他的创业项目，也希望在这方面有所成就，但他为了这件事，需要放弃很多。他要放弃清华大学的博士学位，要放弃国际顶尖计算机公司给他预留的职位，这些已经是很多人终其一生可望而不可即的了。放弃这些，去追求似乎有点虚幻的事业，在当时看起来挺荒谬的。然而，他还是在爱人的支持下，勇敢地迈出这一步，当他觉得时机成熟的时候，毅然放弃了博士学位和高薪职位，只为实现自己的梦想。

我觉得，无论他是否实现了财富自由，在这个时候他已经成功了。我们看到这个世界并不容易，如果能为爱的人不顾一切，哪怕就一次，如果能为爱的事业不顾一切，哪怕就一回，这辈子，就没白来世界一趟。

人，想要成事，最难过的正是自己这一关。或许，别人并不看好你的选择，但只要你觉得对，大胆去做就行了，结果自然会证明一切。

## 2.3.7　勇于克服困难，坚定理想

通往成功的路上，不仅有泥泞坎坷，还有貌似不可逾越的鸿沟。面对这些，我们是勇往直前，还是停下脚步就此不前呢？其实，每个取得财富自由的人都遇到过困难，很多困难在当时看来，也都是难以逾越的鸿沟，但他们都坚持过来了，获得了人生

和财富上的成功。聚光灯下，他们的光环那样耀眼，但背后的辛酸，又有多少人知晓呢？

当年，陈总放弃博士学位，准备正式开始创业时，他的项目还非常小众，怎样才能让大家都知道、都喜爱他的项目呢？陈总为了节约成本，自己去印刷厂监督印制海报；忍耐酷暑，逐个去跟报亭和书店负责人沟通，请求他们提供好位置展示海报，让大家都能方便地买到。他每天忙到夜晚才能回家，连衣服都湿透了。

实现财富自由的梦想，离不开坚定的信念和不懈的努力。最终，他成功了，一切的努力都没有白费。

在追逐钱的路上付出是辛苦的，在追逐爱的路上付出才是快乐的。回想一下，当你为心爱的人做什么事的时候，当你为孩子在外拼搏的时候，尽管劳累，但内心有了爱，就是甜蜜的。我们干事业也是这样，爱事业，纵然辛苦，付出的越多，获得的也越多。因为在追逐爱的过程中的那份付出，本身就是收获，从中得到的将不仅是物质回报，还有精神满足。

# 制订自己的财富自由计划

# 3.1　如何给自己做盘点

要想实现财富自由，首先需要制定符合自身实际的目标。网络上有部分偏激言论认为：在一线城市实现财富自由至少要几亿元。然而现实问题是我们普通人如何能赚到数亿元？如果没有计划，道听途说，行动就毫无价值。

当我们追求财富自由时，应努力根据自身实际情况，制订合适、切实可行的计划，而不能好高骛远，在尚无坚实基础的阶段，就把目标锁定为赚上亿元。我们要找准在个人充分努力的前提下，未来数年能够逐步实现的目标。

## 3.1.1　要成为千万富翁，请先树立信心

一千万元，确实是一线城市实现初步财富自由的门槛。因此，我们不妨就先将一千万元作为奋斗的小目标，等实现小目标后再进一步制定更远大的目标也不迟。

世人皆言创业难。成大事者需有常人未有之决心，亦必有常人未有之恒心，其中也包括面对可贵机会时有毅然放弃的狠心。

正如前文所述，为给爱人提供优越生活环境和充分的事业自由，我的那位朋友费心创业，最终依靠矿石生意成为千万富翁。创业中，他付出多、风险高，但他都以一己之力承受下来了，这源于他最开始为爱人谋幸福的决心。

当时，他爱人刚失业在家，情绪低落，既没有拿得出手的学历，也没有赖以生存的技术，很难找到满意的工作。同时，他爱人的弟弟又在北京上学，她的家境不太富裕，希望他能帮忙负担弟弟的学习、生活等开支。面对窘境，我朋友毫不推辞，毅然将所有责任都承担下来。爱人期盼已久的绘画课程的学费、她父母的生活费，以及她弟弟的生活费和学费，全部都依靠他。家里的一切开销，也都源于他个人的收入，然而，这不但没能阻挡他前进的脚步，反而激发了他誓要成功的决心，最终实现了目标。我的这位朋友，最终不但负担了全家的所有支出，还搬进了别墅，置换了豪车，手中握有上千万元的流动资金。

人的潜力是无限的，只有下定决心不甘于平庸，才有走向成功的可能。如果他当年不下定决心去创业，而选择在国企里待一辈子，恐怕始终难以给家人更优越幸福的生活，而他也无法实现自身的真正价值。

当我们真正下定决心要实现财富自由的时候，请树立信心，并把目标写在家里最醒目的地方，让自己每天都能轻而易举地看到，提醒自己该为目标去奋斗。同时，我们还要向家人表明自己的决心，一是让家人知道自己的目标及其缘由，二是赢得他们的支持与鼓励。正所谓家人同心，其利断金。

至关重要的是，家庭理财的总目标应该是一致的。例如，丈夫希望能攒钱投资理财，妻子希望肆意消费购买，长此以往，恐怕不但无法实现理财目标，最终还会影响夫妻关系。事实上，家里许多事情都与钱有直接或间接关系，理财的目标、原则不一样，就容易在多数事情上引起分歧。因此，夫妻两人统一理财的目标至关重要。

## 3.1.2 梳理你的资产分析表

所谓"知己知彼，百战不殆"，在我们规划的过程中，除了明确一千万元的小目标，还需明确已有的资产情况。遗憾的是，大多数人对自身财务情况都一知半解：对银行里的具体存款、理财产品的预期收益和到期时间都不清楚，甚至对家中大项资产价格变动的情况也漠不关心。

"你不理财，财不理你"，如果我们对理财都不用心关注，又怎么能赚到钱呢？为此，我建议读者对照以下项目，自己列一张家庭资产分析表（见表 3.1-1）。（注：表中的项目名称和折算现金数是虚拟的，仅为演示说明）

表 3.1-1 家庭资产分析表

| 类别 | 项目名称 | 折算现金数（万元） | 说明 |
|------|----------|------------------|------|
| 现金类资产 | 现金 | 1 | |
| | 存款 | 3 | |
| | 保险万能账户 | 0 | |
| | 理财产品及基金净值 | 40 | |
| | 股票市值 | 30 | |
| | 债券 | 10 | |
| | 合计 | 84 | |
| 实物资产 | 房产1 | 500 | |
| | 房产2 | 300 | |
| | 黄金100克 | 4 | |
| | 汽车折旧价 | 10 | |
| | 家庭用品折旧价 | 5 | |
| | 合计 | 819 | |
| 负债 | 信用卡欠款1（A银行） | 1 | |
| | 信用卡欠款2（B银行） | 1 | |
| | 信用贷（C银行） | 5 | |
| | 车贷 | 5 | |
| | 房贷1 | 200 | |
| | 房贷2 | 150 | |
| | 合计 | 362 | |
| 净资产 | | 541 | |

　　如此梳理之后，家庭资产的情况就清楚明晰了。家庭净资产541万元，其中总资产903万元，总负债362万元。总资产中的现金类资产是84万元，实物资产为819万元。实物资产的构成主要是两套房，其占实物资产比重达到97.7%，占总资产比重达

到 88.6%。

在此，我们尚不谈论该表资产配置的合理性，对其中不合理需要调整的部分，我们将在后面具体分析。通过对这一资产分析表的建构、分析和梳理，我们能清晰地认识到家庭资产的具体情况，掌握这些具体情况之后，才能逐步研究怎么优化资产配置。

## 3.2　如何找好自己的赛道

明确目标，梳理清楚情况之后，接下来就是在自己的赛道上快速前进。

### 3.2.1　找出时代的大势

整理出资产分析表后，我们就可以向既定的财务目标进发。

比赛即将开始，我相信你做好了出发的准备，也看到了自己的目标和终点。接下来最重要的问题，就是选择赛道。前文中，我已经列举了许多成功案例，那么究竟哪条路适合你呢？这就需要你根据当下社会发展趋势，结合自身实际情况，去寻找适合自己的道路。

孙中山先生有句名言："世界之潮流浩浩荡荡，顺之者昌，逆之者亡。"言外之意就是要顺天应人，走符合历史发展规律的道路。个人理财也同样如此。

## 3.2.2 40 多年来十次大的创富机会

投资就要把握住大好时机。纵观过去，改革开放 40 多年来，国家和时代为我们提供了至少十次创富机会，但凡能抓住其中的一两次，便极有可能实现财富自由。

第一次创富机会属于 20 世纪 80 年代的"投机倒把"分子。现今国内仍有不少富豪都是通过当初"勇于下海"赚到第一桶金的。

第二次创富机会在 20 世纪 80 年代中末期，其间大量的乡镇企业家利用自身的声望开始筹资办工厂并实现财富自由。典型的成功案例，就是"中国第一村"——华西村。

第三次创富机会来自 20 世纪 90 年代初的股票认购证。此时正是股票发行之初，绝大多数人对此类新鲜事物不感兴趣，也不愿尝试。为了推广股票，政府鼓励各单位的领导干部们带头购买。而这批人，也就幸运地跟随股市发展而获利不少。

第四次创富机会在 20 世纪 90 年代中期，期货为不少有胆量的人提供了创富的"风口"。不过，由于各种原因，靠期货暴富的大部分人，并没有真正实现财富的稳定传承。

第五次创富机会发生在 2000 年前后的互联网时代开端。今人熟知的阿里巴巴、腾讯等互联网巨头企业都是在此时成立的。互联网企业的兴起，为我国经济社会的前行带来了新的发展，洞察到这一行发展前景的人也都真正实现了富裕。

第六次创富机会来自房地产的发展。地价便宜的年代，房产受重视的程度微乎其微。然而时至今日，拥有一块地、建造几幢楼，也许就能获得一辈子的财富自由。

第七次创富机会在 2006—2007 年，国内证券市场迎来了"大牛市"，股价暴涨带来前所未有的机遇。许多抓住时机的人，在短时间之内通过股市赚到数十番的利润。

第八次创富机会来自电商。2005 年左右开始，淘宝高速发展，率先进入淘宝的人抢占了市场，迅速通过电商行业获利成功，而后再入驻淘宝的商家便不如原始商家赚钱了。

第九次创富机会源于 2008 年国家推出的 4 万亿投资计划。利用这些贷款进行投资的绝大多数人收获颇丰。

第十次创富机会发生在当下，互联网带动网络直播行业迅速发展，大量明星纷纷参与，试图从中获利。

这些行业，都是在大势所趋下，创造财富的好风口。要想走向财富自由，我们必须顺势而为，以便搭上财富增长的快捷列车。一旦选错了道路，投身于夕阳产业，即便奋力拼搏多年，恐怕也难有成绩。

### 3.2.3　抓不准大势、选错了赛道，努力可能没有意义

下面是来自我身边的实例。

朋友 F，上大学时选择了极有前景的汽车专业。毕业时，正赶上汽车行业大发展，F 在企业努力工作，也算混得风生水起。结果，由于企业合并，他误打误撞地进了拖拉机行业。刚开始，他在相关外企的发展还勉强不错，后来又遭遇变故失去了工作，等再就业时才发现已经十分困难了。

要知道，当时的情况已不容乐观，个别一息尚存的拖拉机企业也是在较为偏远的三线、四线小城市建厂，他并不太愿意去。等 F 想要回归老本行汽车行业时，才发现相关企业入职所需要的基本工作履历，他也乏善可陈。何况与汽车行业脱离数年，F 也跟不上行业发展潮流。最终结果是 F 一连数年也未找到理想工作。

在事业上不能错过大势，投资过程同样如此。我所认识的朋友 G，数年前爱好集邮。那时，集邮也可能赚得盆满钵满。然而，邮票行业本身逐渐式微，现今使用邮票的人少之又少，集邮的人普遍年龄偏大，年轻人又有多少人集邮呢？这样的情形，在投资领域意味着无人接盘，任何产品都可能接近零价值。到今天还抱着集邮赚钱的想法，希望通过邮票来改变家庭财富状况的人，严重误判了赛道。

很多时候，选择大于努力。如果你选错了赛道，前进的方向不对，再努力也没用，甚至会起反作用，导致资产不断缩水。所

有希望依靠邮票积累财富的朋友，如果将大部分资产配置在邮票上，等将来邮票市场消失，邮票也就将变成废纸，其个人财富将会大幅度缩水。

除了判断大势外，个人选择理财赛道时，还要注意结合自己的爱好和特点。例如有人在投资理财中偏向于稳，那么就可以在资产配置中多考虑房产。而有人更倾向于富贵险中求，便可以在股票、期货、外汇中增加一定的投资（当然，这些都不是本书推荐的方向，本书是希望帮助大家找到一条大概率能实现、稳定走向财富自由的道路）。

个人选择，主要是指自身所喜爱的领域，兴趣能迸发出无穷的力量推动我们前进。爱一个人也好，爱一项事业也好，付出得越多，越能感受到幸福，若付出时感到的是厌烦和疲惫，那大概率不是真正的热爱。因此，我们要结合发展趋势，找到自己真正喜爱的投资领域，这样才能寻到适合自己的赛道。

## 3.3 抓住机会、一决胜负

任何财富的获得，都有一定的风险。人生本就是跟风险博弈的过程，如何抓住机会，并降低风险，在拼搏中赢得财富，正是需要我们努力学习的内容。

### 3.3.1　成功的路上需要"赌"一把

一般来说，成为千万富翁的道路上总会面临一两次与风险危机的艰难博弈，想要完全在平稳工作中发财致富（例如一年赚 50 万元，通过二十年的积累赚到 1 000 万元），虽然并非毫无机会，但在现实中是凤毛麟角的存在。现实中，绝大多数的 1 000 万元，都是通过一两次风险博弈赚到的。

当然，风险博弈绝不是凭运气胡乱投资。

许多人目睹他人的成功，认为是其运气的产物，而忽视了对方成功背后花了多少心思去琢磨，费了多少力气去实践，内心经历了多少波折起伏，面临过多少次心惊肉跳的博弈……这些，都是外人无法共情的，唯有真正从这条路上走过来的人才能切身体会。

在财富面前，没有非凡的努力，就成就不了非凡的事业。想在投资领域做得优秀，就得付出相应的努力，绝不是简单地凭借运气胡蒙瞎猜就能成功。即便侥幸成功一次，如果忽视了努力，最终也会成为水中月镜中花。这样的例子很多。因此完全可以说，人在理财上的最终收获，是与其认知水平相符的。

### 3.3.2 通过读书进行知识储备

回到"成功的路上需要'赌'一把"的话题。在实现财富自由的道路上要想加速，关键在于平时的个人积累。个人能积累什么？无外乎两样东西，如图 3.3-1 所示。

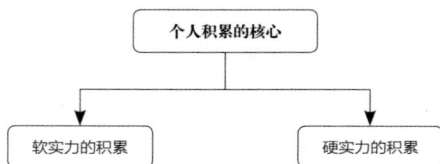

图 3.3-1 个人积累的核心

其一，是软实力的积累，包括眼界、认知水平、对于领域的熟悉程度，以及个人独特的见解和分析能力等。

其二，是硬实力的积累，简而言之就是要有充足的初始资金。当自己手里的雪球越大，就越容易在翻滚的过程中形成更大的雪球。

关于资金积累后续将有专门的章节分析，此处主要讨论软实力的积累。对于普通人而言，仅有大学所学的经济学、会计学等专业知识还远远不够，更为重要的是要有理财知识。而这往往超出了大学的学习范畴，需要我们主动寻找专业书，认真系统地学习。

犹记当年，我与爱人初识，她尚在完善硕士毕业论文，我也陪伴她在图书馆连待数月。这之后，我熟读了上百本有关投资理财的书，将自己具体的实践经验与专业理论相结合，逐步形成了自己的投资理财知识体系和思维框架。

至今，每过一两个月，我都会去图书网站和图书城"扫货"，看看有没有新出的理财书，看看作者的观点是否有新意。但凡有新意的书，我必定买回来仔细揣摩，将之看成和作者的学习切磋。

只有不断如饥似渴地学习、吸收理财知识，才能确保个人理财知识体系不断完善丰富，最终形成适合自己也符合市场规律的理财实操方法。

### 3.3.3　不断提升对所选赛道的认知

除了学习、吸收理财知识，我们还需紧盯自己的赛道，对自己准备奔跑角逐的道路情况有充分的认知。

个人对所选投资产品的本质、选择投资产品的原因、投资产品的未来等宏观问题，一定要形成清晰的认知，不能因他人所言而人云亦云、随之行动。有人又买房又买基金，结果却始终一无所获，投入与收获不成正比。

此外，我们还要对自己所选投资产品有较为细致、动态的微观认知。我们不妨积极了解此项投资的价格变动规律、市场细分之下更具潜力的部分，并深入了解其中具体原因。尤其要关注具体市场价格、细分市场、投资标的等的实时变动，定期分析，总结规律，这样才能在关键时刻抓住机会。

朋友偶尔调侃，说我购房卡点精准，都是凭借运气才赚的钱。他们并不知道，我每天关注房地产新闻，开车时听喜马拉雅App 里的专家评论，空余时间阅读关注评论家的分析文章，甚至在电梯里都会在中介 App 里关注区域、板块房产的变动情况，尤其关注小区乃至收藏房源的价格变动、成交情况等。这些，都已经成为我日常生活的一部分，没有一天例外。

即便是我和朋友的交往过程中，也会包括看盘这一重要实践工作。我会去新房售楼处或者二手房小区看房，甚至和朋友聚会聊天，也能和看盘联系起来。不论酷暑三伏抑或严寒三九，大小楼盘里总能有我看盘的身影。

正如有位业内名家说过：一个板块，你没看 300 套房子，就不要考虑掏钱买。在我看来，这样的道理再明显不过了，因为没有定量的积累，对投资对象就远谈不上了解，遑论掌握一定的规律。相比虚无缥缈的运气，努力才是最靠谱的财富敲门砖。

### 3.3.4　确立短期的理财目标

不积跬步，无以至千里，只有把眼前的一小步走稳了，才能走出万里康庄大道。在奔向千万富翁的漫长道路上，要想完全精确地计算目标，确立实现的具体数额与准确年限，这不仅毫无可能，也会由于难以与实际吻合而失去意义。因此，最好的方式是在可控范围内制定明确的短期目标。

那么，多长时间算科学的短期呢？答案是以三年为最长期限制订规划为最优。时间如果再延长，不可控的量就会变多；时间过短，则计划就会过于详细而不贴合实际。

理财目标需要在前一年就明确订立，再在这一年期间开始按照计划去实现。因此，三年规划的关键点，在于第一年规划，因为这是我们眼下基本能预料、易于操控的阶段。

例如，我们将"积累"定为 2022 年的年度理财主题，那么今年的理财工作重点便在于如何运作好目前积累的财富，为将来投资做准备。

再例如，我们计划 2024 年购置一套房产，作为家庭第二套住房。那么我们就需计划大致需要多少资金（因为两年间价格可能有较大变动），借此计算目前的资金缺口，并考虑两年内如何通过积累或转换资产、贷款等方式弥补所缺资金等。

值得一提的是，我们可将计划表或者计划书打印出来，并在其上签字盖印，与自己订立契约，决心完成。因为无论时间长短都有发生意外的可能性，有一定概率出现规划外的支出。例如，车的主要部件突然损坏，修理花费两万元，好朋友急需资金借走 3 万元等。此类突发状况都会影响我们的计划。如果缺乏坚定顽强的意志，极有可能功亏一篑。因此，我们必须具有克服万难的决心与勇气，无论前路是荆棘还是风雨，都要坚定地走完规划的道路，尽最大努力实现原定的目标。

# 第 4 章

# 如何改变理财思路和行为习惯

# 4.1　节约与攒钱

　　说起理财这件事，就会涉及节约与攒钱这两个话题。在庞杂的财务体系中，这两大要素不但占据着举足轻重的地位，更是理财概念的起点和基础。一个人如果日常没有养成节约的习惯，又缺乏长远的规划，相当于无法形成雪球效应中那个最初开始滚动的小雪球。败于起点，无论占据多么好的雪坡（地利），碰上多么适合的天气（天时），拥有多么出众的理财能力（人和），也无法滚出大雪球。

　　从理财的角度来看，初始的资本积累往往是最困难的。借助节约与攒钱这两大法宝，或许可以攻克这一难题。

　　行动的力量源自思想的指引，要想攒下钱，须得先从改变思想入手。树立正确的理财观念，更有助于养成节约和攒钱的习惯。反之，如果不懂得开源节流，总是习惯性地超前消费，将永远也攒不下钱。

## 4.1.1　收入和资产的区别

谈到财富自由，绝大多数人只关注收入的数字，却忽视了资产的价值。大家似乎默契地达成了某种共识，即只有获得更多的收入才有可能成为富翁。实际上，这种理财观念是错误的。

举个例子，拳王泰森曾被公认为是世界上收入非常高的运动员之一，但是他却不懂得节约，终日挥霍无度，没有资产配置的概念。他不是频繁地更换豪车，就是斥巨资买游艇。很快，新鲜劲儿过了又开始觉得乏味，曾经的心头好终究也摆脱不了被送人的命运。

如今的泰森早已不再是当年意气风发的拳王。在媒体的曝光下，泰森很长一段时间背负着巨额欠款，在催债人的电话中惶惶不可终日。

众所周知，明星是典型的高收入群体。明星在走红的时候往往挥金如土，一旦手中的资本挥霍完了，就陷入困境。很多不知名的演员也是如此，如果不能在演艺圈中崭露头角，就只能回归普通人的生活，做一个平凡的上班族。相反，普通人很少能达到明星那么高的收入，但是仍然有一小部分人实现了财富自由。

可见，收入并不是衡量富裕程度的唯一指标。相比于收入，资产则更能体现个人的综合经济实力。

在某些经济发达的地区，我们经常可以见到月收入只有几千元的上班族，但是手中掌握的资产却多达上千万元。虽然他们的月收入少，但凭借丰厚资产的加持，我们不能否认他们实现了财富自由。例如我有不少北京的朋友，家里的房子市值几千万元，但月收入也就一万元上下。试问，这些朋友跟那些年入百万元，但总资产却连五百万元都达不到的人相比，孰穷孰富？

由此可见，我们应该把理财的重心转移到扩大资产规模上。在理财的初始阶段，就应该要意识到：我们付出的几乎所有努力都是为了建立起更大的资产规模，而不是只在意眼前的收入。

有人会反驳，这是无稽之谈，不提高收入怎么扩大资产规模？实际上，对于职场新人来说，增加收入的确很重要。但随着时间的推移、经验的增加，理财的重心向扩大资产规模转移，才能挖掘出更多的资产增值空间。遗憾的是，并不是每个人都能正视这个观点，我身边不乏这样的例子，很多人工作了几十年，还只是短视地紧盯收入，没能深入理财的根本。

## 4.1.2　节约的要义

很多人从小就被灌输了"勤俭节约是美德"的理念。在我看来，节约的习惯确实能贯穿人的一生，必须从小培养，最终形成习惯。自然，也有些崇尚随性的人对此并不理解，觉得怎么过都是一辈子，没必要过于计较花销，有道是千金散去还复来，何不轻松惬意一些？

或许，他们需要更多理解节约的要义。节约并不是传统意义上的节衣缩食，而是为了获得更多选择的权力、拥有更多享受美好生活的机会。

要知道，人生最好的状态就是先苦后甜。在每个人生阶段，节约都被赋予了不同的意义。年轻时的节约是在为一生积攒财富，以便顺利地度过上有老、下有小的中年时期。中年时的节约可以给孩子起到示范作用，还可以为即将到来的老年生活做好准备。步入老年生活的节约则可以惠及儿孙，减轻子女的负担。可见，节约是贯穿人一生的好习惯。

通过节约，我们才懂得如何把钱花在刀刃上，也就是实现资产的投入产出比最大化。站在社会学的角度来说，如果世界上都是穷奢极欲的人，那么我们的社会怎么可能进步，又如何获得更好的发展动力呢？

追本溯源，我国自古以来能占据世界大国阵营中的领先位置，离不开勤劳节俭的优良传统。这足以说明，个人的节俭虽然力量微薄，但如果每个人都能将勤俭二字贯穿于日常生活，就会造福整个社会。

试想，如果一个人能留下一千万元的财富，那么无论是遗留给子孙还是捐赠给公益事业，都相当于为社会做出了贡献。反之，如果一个人负债一千万元后离世，那么这一千万元的负债，也将由整个社会承担。理解这一点，或许就理解了节约的价值。

### 4.1.3　节约从点滴做起

节约要从日常点滴做起，于事物的细枝末节之处历练。不要小看那些随处可见的日用品，它们其实就是培养理财意识的好工具。

举个简单的例子，很多人在使用餐巾纸的时候非常随意，一揪就是一大把，但实际上根本不需要用到那么多。多余的餐巾纸还没发挥出价值就被丢弃了，造成了浪费。但是，又有多少人注意到这一点？

餐巾纸只是不起眼的日常小物件，但我们恰恰可以借助它来培养自己的节约意识。在使用前，我们首先要问自己是不是必须得用，有没有更简单、更经济的替代方案。例如，如果不用餐巾纸，转而去洗一下手，会不会更简单、更有效、更经济呢？

有些人对此可能会嗤之以鼻，觉得对这点钱，没有必要这么算计，仅仅两张餐巾纸，又能值多少钱？试问，你目前的资金储备足以赡养老人、培养孩子、支付家庭日常开支并且还有结余用作未来的养老储备金吗？你有足够的资本为孩子购置学区房、预留出国留学资金、用作婚嫁支出、作为创业基金吗？如果答案是否定的，你又为什么轻视两张餐巾纸呢？

古语云："不积跬步，无以至千里；不积小流，无以成江海"。不要轻视小钱，即便是全球巨富的资本，也都是通过一点一滴的努力积累起来的。

巴菲特的成功，离不开他的节约习惯。他懂得节约的重要性，明白财富来之不易，因此才会格外珍惜财富，财富自然就会不断向他靠拢。

其实，我们也同样可以从点滴培养节约习惯。平日外出旅游时，经常能看到景区售卖的饮料价格比超市里贵出很多。实际上，我们完全可以事先在家做好相应的出游准备，比如提前在超市买饮料带过去，或沏好茶带着。当然，有些人可能会觉得这样很麻烦，认为到了景区再买也一样。但要知道，任何对节约的忽视，都是要付出代价的。与其习惯了大手大脚，最终面对生活压力而无所作为，不如学会先苦后甜。

总之，节约的本质，就是从经济学角度为一个问题找出更有效的替代方案。比如用冲洗代替使用餐巾纸，用超市的饮料代替景区的饮料，用短途的步行代替开车出行等。我们不妨先从生活中力所能及的小事做起，渐渐地就会养成习惯，在着手做一件事情之前会先问自己，是否有更好的方案。长此以往，节约的好习惯，自然能拉开你与他人之间的距离。

### 4.1.4　如何攒钱

对普通人来说，负债消费是攒钱路上最大的绊脚石。如果容许这个绊脚石的存在，财富积累的道路则注定不会平坦。因此，攒钱首先要从遏制负债消费做起。

常见的负债消费场景包括信用卡分期消费、通过信用贷购买手机、购置超出自身消费能力的奢侈品等。作为过来人，我建议大家尽量不要使用信用卡进行消费，或者只留下一张信用卡，以备不时之需。同样值得注意的是，为了避免负债消费产生过多的利息，要强制自己避免信用卡分期，最好在正常还款期内将欠款还清。

攒钱还要事先设定好目标，包括长期目标和短期目标。有了目标才有前进的方向和动力，才能更好地将目标分解、落地。例如，我想在五年内攒下 50 万元，这属于长期目标，分解到每年就是 10 万元，再分解到五年中的每个月就接近于 1 万元。我们姑且将每个月的目标设置为 1 万元，这就是短期目标。如此，我们攒钱的计划就有了清晰、明确的阶段以及相应的目标。随后，我们就可以考虑该如何更好地实现目标。

此外，养成记账的习惯同样有助于目标的实现。我们可以将每笔收入和支出都做好记录，在此基础上加以细致的分类，借助相关工具进行统计分析。目前，市面上有很多免费的记账软件，功能足以满足个人日常的记账需要。不过，只有记账工具还不够，关键是要能够坚持下来，很多人因为缺乏毅力，记了一段时间的账就放弃了，实在可惜。

深入研究记账行为后，我们可以发现，记账能清晰、准确地

显示出个人的各项收入和支出。通过对比分析，我们就能顺利地
分辨出哪些是可以压缩的开支，哪些是能调整、替换的开支。如
此一来，资金的使用效率将会大大提高，我们就能将有限的资金
应用于更有必要、更有价值的事物上。

　　最后，我们还可以给自己设计奖励制度，每实现一个阶段性
目标就给予自己一定的奖励。例如，你想买 5 000 元的包，可以
事先跟自己约定好，如果实现了一年攒下 10 万元的目标，年底
就给自己买个 5 000 元的包作为礼物，这将会带来既有意义又有
乐趣的体验。

## 4.1.5　节约与攒钱的注意事项

　　节约与攒钱，并不仅仅是两个简单的生活概念。

　　总结来说，节约与攒钱的过程中，我们应注意以下几个方
面，如图 4.1-1 所示。

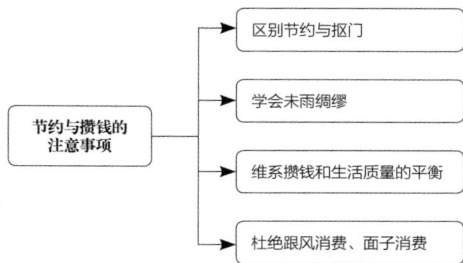

图 4.1-1　节约与攒钱的注意事项

第一，区别节约与抠门。攒钱并不是要一毛不拔，盲目地攒钱并不是我们的目的，我们的最终目的应该是提高生活质量，实现收入与支出的动态平衡。

消费就要有清晰的规划，该花的钱就得花。那么，该如何区分哪些钱该花，哪些钱不该花呢？

除了日常用度（例如添置衣物、出行、餐饮、孝敬父母、人情往来等费用）以外，能帮助我们创造更多价值的钱，就是应该花的。比如健身支出，这部分开销可以促使我们通过锻炼身体获得更加充沛的精力，以便更好地驰骋于资本市场，实现钱生钱的美好愿景。这样的消费，就不应过于计较。

还有一笔钱是必须要花的，那就是在教育上的投入。世界上最好的投资莫过于投资自己。这里的投资范围涵盖身体素质的提升、精神领域的充实，以及知识内容的扩充等。

不过，有些投资具有双重含义，并不是通过简单的辨别就能够定性的。例如就买车这件事而言，很多人觉得高档车是门面担当，可以提升自己的社会地位。实际上，车子的本质就是代步工具，如果在性能上没有太多实际的需求，只是为了满足自己的虚荣心而去购置高档车，就是花了不该花的钱。但对于生意人而言，高档车确实可以彰显企业的经济实力，有助于取得客户的信任，为企业争取到更多的商业机会，最终赢得更多的利益。在这种情境下，这笔钱又是该花的。

第二，学会未雨绸缪。生活中，有一项保障性支出是非常有必要的，那就是保险支出。购买保险的意义，在于通过花小钱来获得长远保障，降低损失的可能性。由于这个话题比较庞大，本书会单独拿出章节展开阐述。

第三，维系攒钱和生活质量的平衡。想要通过节约来实现攒钱的目标，势必要砍掉一些不太必要的支出。可是，这样一来会不会降低生活质量呢？合理的做法是维系好攒钱与生活质量之间的平衡。

据说，一对夫妇婚后为了实现环游世界的梦想，连续吃了几年的泡面后，将攒下来的钱用来购买基金实现了初步的财富自由。最后，夫妻二人真的辞职去环游世界了。

上面这个例子虽然非常鼓舞人心，但还是有些极端。试想，连续吃上几年的泡面身体真的能吃得消吗？长期食用单一的高热量食物，生活质量能得到保证吗？虽然这对夫妇最终实现了财富自由，可以年纪轻轻就不需要工作，潇洒地环游世界，却也付出了巨大的健康代价。

如果从人的一生来考虑，他们的做法并不明智。

首先，以牺牲身体健康为代价来攒钱，可能会留下巨大的隐患，当步入老年之后，身体的暗疾是否会爆发，老年的生活质量是否受影响，医药费支出是否增加，这些都尚未可知。

其次，即便身体没受到太大的损伤，但将人生中最好的光阴全部用来攒钱和吃泡面，没能好好享受当下的生活，也是对青春的辜负，其实并不划算。

第四，杜绝跟风消费、面子消费。今天，很多年轻人虽然刚刚步入社会，但消费水平却居高不下，吃穿用度都要互相攀比，似乎比别人差就会矮人一头，以致最后把钱都花在了争面子上。

还是以买车为例，国际通用的理财说法是，你的车价应该等同于你的年收入，或者家庭年收入的总和。而实际情况却是，很多年收入 10 万元的年轻人买车 20 万元起步，而年收入 20 万元的人，购车支出至少还要在年收入的基础上翻一到两倍。

在这些年轻人看来，只要自己能负担得起车贷和日常养车的费用就可以放开了买，殊不知，这一举动占用了大量的初始资金，这些资金俗称"种子钱"。如果我们在积攒初始资金的过程中不肯放弃攀比和物质上的享乐，何年何月才能把资产的雪球滚大呢？

除了好面子，很多年轻人还喜欢跟风消费。看见别人喝咖啡，自己也要喝；看见别人出入高档餐厅，自己也要去。这种盲目跟风的消费，带来了很多不必要的花销。有些人甚至年纪轻轻就已身负巨额债务。

## 4.2　走出债务陷阱

如今，网贷之风盛行，很多年轻人都热衷于借贷消费，导致很多家庭刚刚组建不久就已深陷债务的泥淖不能自拔。一些程度较轻的借贷虽然没有达到影响家庭正常生活的程度，但仍然有着巨大的风险。

因此，在开始资产配置前，我们首先要在生活中养成良好的理财习惯，要坚持节约与攒钱，除此之外还要尽量减少借贷消费。

### 4.2.1　紧跟潮流带来的是借贷消费

在消费主义的冲击下，很多年轻人更喜欢关注华而不实的事物，比如开什么车更有面子，去什么餐厅吃饭更能彰显身份。即便对于一些小额支出，如喝什么咖啡、什么奶茶，都有一套"时尚"的消费理论，用以指导紧跟潮流的步伐。

不过，年轻一代由于刚工作不久，经济基础普遍比较薄弱，无法维持太久的"体面"生活，很多人就此走上了借贷消费的道路。钱不够怎么办？借！于是，各大购物网站都出现了分期购物模式。还款分期最多的甚至可以到 60 个月，完全不用担心月供不够。这样的超前消费导致人们买了很多本不需要的物品，不但花了不少冤枉钱，还要额外支付高昂的借贷利息。

### 4.2.2　怎么避免超前消费

很多超前消费的人，自嘲为"剁手党"，因为总是控制不住想要购物的欲望，尤其是到了购物节大促的时候，更是一头扎进购物网站里出不来。他们下单时满心欢喜，冷静下来很快又会感到后悔。他们总是超前消费、透支消费，导致日常生活入不敷出。每月的发薪日，钱还没捂热就要第一时间填补各类贷款留下的窟窿，根本攒不下钱……

可以说，这些都是超前消费酿下的苦果。那么，我们应该怎么做才能避免超前消费呢？

首先，要尝试降低信用消费的次数，尽量使用现金消费。如果现金不足以支付当前的消费，则要克制自己的消费冲动，等有了足够的预算再进行消费。对此，很多人可能会觉得费解，认为人生的意义在于尽情地享受物质生活，而不是压抑消费欲望，难道不应该"早买早享受"？

的确，早买早享受是没错，但享受的同时也是要付出代价的。古巴比伦的很多平民，就是因为贪图物质享乐，向奴隶主借贷，到期无力承担欠款，最终沦为奴隶。

很多人还习惯刷卡消费，主要分为储蓄卡消费和信用卡消费。相较而言，信用卡消费会在一定程度上增加消费透支的风险，并不值得提倡。当然，这并不代表我们就要彻底放弃信用卡。就我个人而言，我平时也会刷信用卡，但我从来都是在银行规定的期限内还清欠款，一次分期也没有。这样做的好处是不用支付额外的利息，还可以得到信用卡积分，用来换取心仪的礼品。

其次，要尽快还上现有贷款，挣脱出债务的泥沼。如果我们现在已经被车贷、信用卡分期贷款、消费贷压得喘不过气来，就要想办法尽快摆脱债务。知易行难，摆脱债务具体该怎么做呢？

关键的一步是要凝聚家庭的力量，不要因为负债让家庭陷入分崩离析的状态。可以将家庭成员召集到一起，征询每个人的意见，看大家是否同意提前还清债务。

如果家庭成员对提前还债没有异议，紧接着就要制订出一套切实可行的还债计划，明确还款的时间节点和金额。值得注意的是，要选择金额较小的债务进行限期偿还。从最容易偿还的债务入手，通过家庭成员的共同努力，逐渐还清所有的债务，这样家庭成员也会越来越有信心，越干越起劲。

此时，又会有新的疑问产生，还债的钱从哪来？

我们想要提前还清债务，必须首先做到竭尽全力。当然，这不包括利用再次借贷的方式，通过拆东墙补西墙来偿还债务。我们可以做一些兼职赚取额外的收入，也可以卖掉一些闲置物品换取一部分收入。当然，最重要的是要从源头缩减开支，杜绝一切可有可无的支出，尤其是那些容易使人沉溺于享乐的支出。

最后，要特别强调的是，如果你目前的债务压力主要来自房贷、车贷，那么可以试着转变思维方式，将房子、车子的市场价值与自身的消费能力进行等价评估，看自己是否可以降低标准，制定更加符合自身消费水平的购买方案。这样就能大幅减小你的偿债压力。等时机成熟，积累到足够的正向现金流后，通过合理的资产配置和理财规划，你可能会拥有比之前预期中还要好的房子和车子，彻底摆脱掉债务的束缚。

## 4.3 古巴比伦理财五大法则

四千年前的古巴比伦王国，是人类历史上的四大文明古国之一，它不仅创造了很多人类奇迹，还流传下古老的理财法则。这些法则历久弥新，闪烁着古人的理财智慧。这里，我想借用古巴比伦石碑上的五大理财法则，跟大家分享一些日常生活中的理财方法和技巧。

## 4.3.1　法则一：留下收入的 10%

前面的章节中，我们论述了攒钱的重要性。这是因为实现财富自由是由节约和攒钱开始的。只有合理规划收入与支出，才能通过财富积累实现财富自由，仅仅靠收入高是没法实现财富增长的。因为即便收入再高，缺乏合理的规划与适当的投资，挣一个花两个、胡乱投资，最终必将破产。

究竟如何做才能攒到钱？古巴比伦富翁告诉我们的秘诀便是至少要留下收入的 10%，将这些钱存起来，不能以任何借口轻易动用。

我们应特别注意，收入的 10%，应该在拿到收入那一刻就先提取出来，放到财富积累账户中，从此不再动用，而并非拿到收入后随便花销，剩下 10% 就算遵守了法则。在这种操作下，剩下的钱无论多少都叫结余，而不是可靠地积攒金钱，更大的可能是，到最后什么都没攒下来。

我们应该确保有 10% 的收入能积攒下来，而最稳妥的做法，就是在获得收入时，尽快把钱放到稳妥的地方，然后便忘记它的存在。

我的朋友 X 曾经诉苦说，这些年一直非常想攒钱，但是最后除了多年前买的理财类保险，别的什么也没攒下。X 的说法很具有代表性和普遍性。正是因为理财类保险的扣款金额和时间是固定的，X 为了让之前扣的保费不打水漂，无论经济多么困难也得保证保费按期足额地被扣款，这在无形中让 X 实现了固定将一部分收入集中到可靠的理财账户里，也使他积攒了少许财富。

我也问过 X 其他收入的去向，他说自己虽试图通过其他方式攒钱，但并没有像预想的那样攒下来，最终都被自己出于各种各样的目的花掉了。

实际上，很多人对 X 的情况感同身受。因为确实很多人都曾为自己制订财富积累计划，但结果却与 X 大同小异，甚至有人会觉得钱怎么莫名其妙地不翼而飞了。

沉痛的现实经验告诉我们，理财必须要遵守一定的纪律，太过随意的理财计划是不可行的。

有人也产生过疑问：为什么要留下收入的 10%，为什么不是5%、20%、30% 呢？其实，10% 是古巴比伦富翁通过多次实践总结出的最合理的比例。如果低于收入的 10%，那效率太低，对财富积累没有实质的影响，即便成功攒下了收入的 5%，如此小的比例对未来的意义有多大呢？以每月 5% 算，相当于财富积累计划实行一年下来才攒半个多月的收入，类似的攒钱方式根本无法实现第一桶金的积累，更无法让财富的雪球滚起来。

太少不行，那么攒收入的 20%、30% 就一定好吗？积攒的比例应该是固定的，且一定要保证能够实现，而不能"三天打鱼，两天晒网"。我们需要的是借助合理理财来实现财富积累，而不是做节衣缩食的守财奴。要在保证正常消费和生活质量不变的情况下，进行固定比例的攒钱。因此，设定比例为 10% 而非更多相对合理。

当然，在攒下收入的 10% 的基础上，如果能在保证正常消费、必要节约的情况下再结余一部分，那当然更好。这部分钱，同样属于我们攒下的钱，但与法则中固定存下的收入的 10% 性质是截然不同的。

留下收入的 10%，是古巴比伦富翁根据经验制定的法则，它适用于绝大多数人，但并非所有情形都必须严格依照此法则执行。在不同的人生阶段，我们应视情形灵活应用。例如，我们在刚参加工作的时候，往往急于赚第一桶金，同时还要攒下结婚、买房等的钱，而那个时候我们的收入又通常不高，那怎么办呢？我们就得提高攒钱的比例，在保证合理消费的情况下，拿出 15%~20% 的收入作为固定存款也不算过分，这样能提高我们攒钱的效率。

在我们步入中年后，面临着上有老、下有小的家庭境况，开支增加。但随着工作职位不断提升，收入也会大幅增加，财富积累也随之增加，我们也可以适当提高 10% 这个比例，将收入的 15%~20% 作为家庭的固定存款。同时，我们还可以通过保险等固定长期理财的渠道，把这部分钱用于固定的长期投资理财计划，放到若干年后再拿出来使用，例如作为本人和爱人的养老资金，用于孩子的婚嫁支出、教育资金和留学基金等。

### 4.3.2　法则二：发挥金钱的作用要合理投资

这条法则告诉我们的道理是：要想发挥金钱的作用，好方法是合理投资。我们应该把钱投出去，真正发挥它的威力，才能通过钱生钱实现财富积累。如果死死把钱攥在手里，而不去进行合理的投资，即便靠节约和积攒留下了一些钱，财富却失去了合理流转的价值，也就不会变成更多财富，更难实现财富自由。因此，为实现我们设定的财富自由的目标，我们在完成第一步的财富积累计划后，必须学会合理投资。

一旦你面对健康问题，或者随着年龄的增长体力减弱，不能再像以前那样从事高强度的工作，你赚钱的机会可能就没有了，这也就意味着你可能失去经济来源，可能维持日常生活开支都已不易，更无法谈及攒钱与财富积累。

靠合理的投资，用钱去赚钱，才能省心省力地获得财富。这样即便当你休息而不再工作时，钱依然会源源不断地到你手中。经过长期积累你的钱会变得越来越多，逐步实现你设定的财富自由的目标。

请记住，我们理财的目标就是即便自己休息，也要让钱"忙碌"起来。

如何能实现这一点？那就是要合理投资。合理投资能使钱流转起来变成更多的钱。通货膨胀时，我们总说时间是财富的敌人，因为随着时间的推移，物价上涨带来的货币贬值致使我们的钱变得越来越不值钱，甚至之前能买一瓶酒的钱，多年后只能买一张煎饼。

正是在这种情形下，合理投资的价值得以充分地体现。如果你进行合理投资，时间就会摇身一变，成为你亲密的朋友。当你通过合理投资，找到了使资产稳定保值增值的途径，随着时间的推移，你的资产不仅能抵挡住通货膨胀造成的贬值风险，而且其价值会像滚雪球一样越来越大。

### 4.3.3　法则三：听从智慧之人的意见

这条法则告诉我们，要积极听从智慧之人的意见去理财，听从智慧之人的意见，不仅不会让我们轻易损失财富，而且会使我们的财富随着时间的推移保值增值。

每个人不可能一开始就擅长理财，不可能完全掌握专业的理财知识，也不可能对理财知识里各个资产类别的特点、运行规律等都做出特别细致的分析，更不可能分辨出所有理财产品的"坑"。

合理理财，需要我们掌握专业的理财知识，拥有正确的理财观念，需要我们不断向智慧之人多多学习，多听取专业人士的分析与讲解，多结合自己的资产现状进行思考，逐步形成正确的投资理念。

今天，很多人投资理财时容易走两个极端。

第一个极端是盲目自信，完全不听取别人的意见和建议，认为自己是理财专家，什么想法都对。他们平时既不通过读书、看报来了解理财产品的最新动态，也不学习专业的理财知识。偏偏这种情况下，他们还要以理财专家自居，这是非常危险的状况。他们往往标榜自己是"实践出真知"，认为自己从大量的理财实践中摸索出了财富增长的路径，就如同发现了真理。可惜，实际并非如此，他们看到的可能只是事实的某一个侧面，或者他们将偶然事件当成了必然存在的现象。

例如，有些人炒股正好赶上牛市，恰巧连续五六年行情都比较好，致使他们大赚特赚了一笔，财富迅速增长。这些人就觉得自己掌握了赚钱的"规律"并且屡试不爽。然而，股票市场风云变幻，一旦行情发生了比较大的变化，例如市场不是单边上涨，而是突然连续暴跌，或者长期呈现震荡的格局，他们便不知道怎么应对了，之前的很多招数在牛市时奏效，在熊市或者弱势震荡时便失灵了，他们之前在牛市赚的钱全部交还股市了。

在投资理财上我们千万不要一叶障目，被一时的成功所蒙蔽。投资理财的复杂专业知识，非一日之功所能理解的，暗藏的陷阱，也不是非专业人士所能鉴别的。很多真正的投资高手都是经历多个牛熊周期，投入大量的资金及人力，进行充分的实践和理论研究，才能在股票市场里屹立不倒的。即便如此，他们也只敢说自己弄懂了股票市场运作的一些皮毛，不敢说自己是专家。反观很多人在股市试水了三五年，会看几张图表，会分析股票 K 线图，便标榜自己是专家，真是"无知者无畏"。

盲目的自信，导致行动的后果也非常可怕。如果在这一情况下为投资下重注，结果可能不堪设想。现实生活中投资失败造成血本无归，甚至倾家荡产的例子不胜枚举，缘由大抵如此。我们要想真的学懂弄通一个门类的投资品，不仅要了解它的运行规律，还要了解特殊情况下的处理方法。

第二个极端就是完全听从别人的见解和分析，缺乏自己的思想体系和基本的判断。投资者对自己要操盘的品类，不去做认真的思考和细致的分析，没有用自己的思维去判断，也不去认真研究其运行规律，而是盲目听信、跟从所谓专家、专业人士的判断。

我身边存在这样的朋友。他们要买房了，就去找自己身边懂房子的朋友了解房产信息、在网上听专家的推荐，然而自己也从不深想朋友提供的信息是否片面、专家的推荐是否合理，只是觉得谁说得有道理就听谁的意见。当然，"有道理"的评判标准，也都来自他们感性的理解而非理性的判断。

当他们购买保险时，也是问保险代理人，保险代理人为他们推荐保险、分析购买的原因，他们一听，觉得保险代理人讲得有道理，便不假思索地马上就买。类似的操作，其实暗藏陷阱。保险代理人看似是专业人士，但他们的话可能非常片面，出于完成销售任务的目的，他们对保险产品的介绍避重就轻，甚至会出于某种私利夸大保险产品的优势。因此，保险代理人的意见不能完全拿来就用，应该结合自己的需求及保险产品的细则认真思考。

这条法则的核心内容是要听从智慧之人的意见和建议，真正的大智慧者，对投资品甚至整个投资活动有着高屋建瓴的俯视感，能透过投资品或者投资活动的表象深层次分析其本质及运行规律，并愿意毫无保留地教给他人。拥有类似智慧的人现在非常少了，但我们还是想要合理而正确地投资，应该怎么办呢？首先，我们要避免上述两种极端情况的发生，既不能盲目自信、一意孤行，信奉自己错误的投资理念，也不能丧失判断能力被专家牵着鼻子走。我们需要沉下心来深入学习专业的理财知识，仔细分析当下国际、国家或者某地区的投资趋势，结合自己的资产现状和投资倾向，总结出一套真正适合自己的投资宝典。这套投资宝典应该包括对投资品全面的认知和深入的理解、对投资品操盘的计划和方法，以及后续完整的中长期投资计划。

## 4.3.4　法则四：不在陌生行业投资

投资是专业的事务，需要个人具备专业的知识和理性的判断，绝非表面看起来的光鲜亮丽，仿佛投资什么都能轻松赚钱。

这种现象在心理学上被称为"幸存者效应"，因为你只看到了在投资中赚钱的那部分人，很多赔钱的人你却没有看到。此外，部分投资机构为了吸引投资人加入，也会故意夸大投资赚钱事件的宣传，而屏蔽投资亏损事件的报道。

例如，同样是创业开店，你很可能知道有谁开店成功了，并对其成功的事件如数家珍，但你不知道的是，有更多的人开相同的店却遭遇挫折，甚至在店铺运营头一年就失败了，本金都没法拿回来。

无论在哪个行业，失败的案例比比皆是，只是我们向来只关注成功者，而忽视失败者。事实上，我们也并不了解成功者，我们无法精准分析其成功的原因，尽管其成功都不会缺少坚持，也不会缺少对本行业的深入研究和专注。

成功的投资和成功的创业一样，需要投资者专注于擅长的领域，避开不熟悉的领域，并持之以恒。我们不能仅跟着感觉走，例如，当你听说身边的朋友买了某投资产品，赚了些钱，你的第一反应是："那我也必须跟风买，有钱不能不赚，否则自己岂不是亏大了？"结果，你投资之后，市场风向变了，立马开始赔钱，这样的例子实在太多了。

一位朋友小李，主要做实体店铺生意，他的生意很成功，赚了一些钱。后来，他听朋友的建议，跟朋友一起投资运营郊区度假村项目，朋友负责度假村的运营，小李则只有出资股东的身份。两人约定，小李投资回报的年利率为 20%~30%。刚开始，朋友正常兑付小李的投资分红，后来，小李为了多赚钱，不但将自己实体店铺经营所得的全部资金投入进去，并且还动员了身边的亲友都将钱投进去。但他没想到，那个运营度假村的朋友，竟然悄悄卷钱跑路了，为此小李与朋友打了好几年的官司，至今仍有很多钱没要回来。

朋友小裴，原来一直做股票投资，后来听说做外汇赚钱快，并且可以利用杠杆放大投资比例，小裴便动心跟别人一起炒汇，结果因一次投资判断错误，小裴赔了很多钱，后来发誓再也不碰外汇了。

实际上，我们需要知道基本的投资理财常识：所有利用杠杆放大投资额的交易，在放大了收益的同时也放大了风险。我们不能只看到收益增大很多倍的可能性，也要理性地看到风险可能增加更多倍，利用杠杆交易时，标的端小到不起眼的变化，就可能导致满盘皆输、血本无归。

总之，我们不能看到别人在某个领域赚了钱，就误以为自己也能赚到钱，并贸然把钱投进去，很可能投资就此变成了"肉包子打狗有去无回"。相反，要尝试着找到自己喜欢、擅长的领域，领域不用太多，然后在这些领域里一直坚持走下去，假以时日，就会获得成功。

这样的道理，其实不局限于投资领域，也见于创业。在很多行业内，我们能看到这样的事情：真正顶尖的企业会心无旁骛地专注于某一个领域，持续地深入该领域进行科技研发，然后凭借着该领域的研究成果甚至一类产品的尖端技术就将成就推向巅峰，将企业创始人送进福布斯排行榜。在投资这件事上，我们也需要这样的专注精神，深入自己喜欢的门类进行刻苦钻研，努力研究该门类的发展规律及特性，使自己成为这个领域的专家，并继续沿着熟悉的路线走下去，最终迎来光辉的胜利。

### 4.3.5　法则五：绝不贸然投机

理财路上，我们不能被别人许下的高收益所骗，妄想一夜暴富的结果，就是血本无归。

千万不要忘记，高风险必然和高收益相伴，世界上少有收益高同时风险很低的事。很多人被骗的本质原因，就是忽视了这个经济学原理。

我的朋友小江，听说外汇保证金来钱快，刚开始他不熟悉那个保证金平台也没敢多投，后来他发现，这行业的确"来钱快"，连整个保证金平台的微信群都在传言赚钱快，就放心投入了大资金。没想到，投资品价格暴跌，平台突然声称出了问题，资金取不出来，小江和群友们只能眼睁睁地看着余额逐步清零。最终，平台被依法查封了，他们的资金都打了水漂。

张某在朋友圈看到某 App 的推广，十分感兴趣，就立刻通过平台加了陌生微信好友，充值了 13 万元在 App 上开始了所谓的投资。刚开始，他收益非常丰厚，短短数日，账户资金就已经达到了 40 余万元。可不久后，张某想提现退出 App 时，却被平台客服人员告知无法提现，账户已被冻结。客服人员还称，张某 IP 地址异常，涉嫌违规，需追加平台余额的 20% 方可提现。张某顿时眼前一黑，意识到被骗。

丁某在某社交平台上认识了一名陌生女子，因为聊得很投机，便添加了该女子为好友。对方自称是某知名风投公司的评估员，向丁某介绍了其手头的黄金投资项目，操作简单、周期短、赚钱轻松。丁某听对方分析得头头是道，认为有利可图，便根据对方在社交平台上提供的网址用手机登入进行投资。刚开始，丁某的小额投入均获得了不错的收益。尝到了甜头后，丁某觉得"一夜暴富"不是梦，对该项目也更加信任，陆续向对方提供的银行账户转款 18 次，共计 140 余万元。然而，当大额资金转入平台一段时间后，丁某突然发现无法再从平台提取资金，转入的 140 余万元也不翼而飞。此时丁某终于意识到自己上当受骗了，才去报警。

公安机关总结，出现以下情形时，我们必须小心，如图 4.3-1 所示。

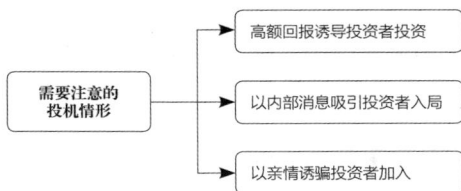

图 4.3-1 需要注意的投机情形

一是高额回报诱导投资者投资。不法分子为了骗取更多的人参与集资，通常会做出不切实际的承诺，编造"一夜暴富""天上掉馅饼"的案例，许诺投资者高额回报。不法分子在集资初期往往按时足额兑现承诺，待集资达到一定规模后，便秘密转移资金或携款潜逃，使集资参与人遭受经济损失。

二是以内部消息吸引投资者入局。很多不法分子常常打着响应国家产业政策、开展创业创新等幌子，编造各种虚假项目，骗取社会公众信任，利用各类噱头引导投资者进入虚假平台。此后所谓"金牌讲师"会利用"内部消息""大行情"等虚假消息诱导投资者继续投资。待投资者投入大量资金后，便离血本无归不远了。

三是以亲情诱骗投资者加入。有些非法集资参与人，为了完成或增加自己的业绩，会采取类似传销的手法，不惜利用亲情、地缘，编造自己获得高额回报的谎言，拉拢亲朋、同学或邻居加入，使参与人员迅速增加，集资规模不断扩大。随后操纵数据或关闭平台，导致投资者无法取回资金。

第 5 章

# 筑好千万资产的护城河

## 5.1　理解保险的本质和误区

为什么所有投资理财项目都需要买保险？因为保险是基础、是保障，是家庭理财成功的奠基石也是压舱石。没有保险，所有的财务行为近似于"裸奔"。有那么一句话我很欣赏："只有当潮水退去的时候，才知道是谁在裸泳。"是的，当经济环境良好时，当你的收入节节攀升时，你往往意识不到风险，但是人生不会永远一帆风顺，一旦出现意外情况，一个中产家庭很可能瞬间崩塌。

### 5.1.1　保险的本质是什么

究竟什么是保险，我们为什么必须买保险呢？

第一，保险可以转移风险。保险的本质就是为风险提前买单。比如重大疾病保险（简称重疾险），提前支付的几千元、几万元能够变为重大疾病出现时的几十万元甚至上百万元的保险理赔金。这种交换的本质是用几千元、几万元的保费将重大疾病带来的经济风险转移给保险公司。

很多人还是不理解：我身体好好的，为什么要把几千元、几万元给保险公司，我把钱存入银行不也能用于看病吗；如果把这些钱用于投资或许还可以赚得更多。而事实是，你支付的几千元、几万元的保费换来的是风险转移。这种风险防范意识十分重要，因为人有旦夕祸福，如果你不理解，我建议你有时间到各大医院门诊大厅看一看，这样你应该就明白了。

一些意外的发生、重大疾病的出现往往不是个人意志能够改变的，而且是非常突然地就发生了。我们无法阻止意外的出现，只能在经济方面做好相应准备。也有人说：我将保费用于健身、锻炼不好吗，吃些营养品也可以，身体健康出现大病的概率也会大幅下降。但是我们要清楚，人一生患上重大疾病的概率高达72.18%，超过 1/3 的人会得癌症，10 个健康男性中有 3 个会在65 岁前得重大疾病，10 个健康女性中有 2 个会在 65 岁前得重大疾病。不要以为吃营养餐或者锻炼身体能完全杜绝重大疾病的出现，只能说能一定程度上降低发生概率、推迟发生时间。患重大疾病是人一生中的大概率事件，对这一点要有清醒认知。

第二，保险的杠杆作用是很多金融工具不能比拟的。比如定期寿险，每年几千元的保费便可以撬动几百万元的保额，一旦投保人身故，投保人的家人便立即可以得到几百万元的生活保障，这单纯依靠财富积累或理财很难实现。

第三，保险有极强的确定性，这是其他金融产品难以企及的。比如按照保险合同，出现了约定理赔情况，保险公司就必须支付理赔金，即使保险公司经营不善倒闭，银保监会也会指定其他保险公司承接保单，继续完整地保障客户利益。如果你和保险公司产生了纠纷，你还可以通过法律途径保护自身权益，从目前的保险纠纷判定结果中可以看出，司法部门更注重保护投保人的权益。虽然你购买理财产品、投资股票、投资基金等可能获取更高收益，但也需要承担亏损的风险，而且难以保障遇到意外情况时资金充足。

第四，保险有强制储蓄功能。现代很多年轻人习惯提前消费，生活中少有积蓄。但购买保险等同于每年定额储蓄，无论购买养老类保险，还是子女教育金，都等于强制性给未来存钱。这点也是其他金融产品不具备的优势。因为股票、基金等存在不稳定性，大多数人追涨杀跌，在股票、基金等市场打拼多年结果遍体鳞伤，一旦遇到急用钱的状况，又容易面对资金无法提现或损失惨重的窘境。

总之，我们需要明白，不购买商业保险就很难转移风险，一旦出现风险，就必须自己承担风险后果。不购买商业保险，实际上就是拿家庭的积蓄作为保险金，对这点一定要有深刻的认知，切不可抱有侥幸心理。比如常见的车险中的第三者责任险，不购买这一险种，一旦出现交通意外，则有可能承担上百万元的赔付金，这时只能用积蓄和资产支付，一个家庭很容易因为这次意外而倾家荡产。但是如果我们投保车险时用几百元到几千元购买了这一险种，这一风险便转嫁到保险公司，所以为什么我们不将风险转嫁呢？

## 5.1.2 理解保险的误区

很多人不买保险的原因是对保险存在误解，其中最主要的表现是对保险的不信任。为什么会有这样的误解呢？主要是在我国保险行业发展初期，投保过程不太科学、规范，投保人没有如实向保险公司告知自己的相关信息等，造成了理赔困难。这其中有保险代理人急于签单的因素，也有投保人对保险知识比较欠缺等问题。实际上，如果投保人可以如实告知自身情况，保险和理赔纠纷就可以大幅减少。

另外，有些人认为买保险不吉利，这种主观意识让其对保险产生了抵触情绪。其实这完全没有必要，因为购买保险，不仅是对自身的保障，更是对家庭的保障。以寿险为例，如果家庭支柱出现意外，家人则能得到一笔高额的赔偿金，家庭基本运转不会受太大影响，不至于陷于困境。比如网上热议的公司程序员猝死事件，事件发生后程序员妻子第一时间咨询出售房产的信息，因为家人已经无力承担房贷，程序员妻子只能选择卖房后带孩子回家乡生活。这样的意外情况出现后一个家庭生活的轨迹发生了巨大转变，试想如果发生意外的程序员生前购买了定期寿险，则家人的后续生活可能就是另外一种状况。

很多人对小保险公司存在误解，认为中国平安、中国人寿等大公司才有承保能力。这种观点并不正确。大家认为小保险公司不可靠的原因主要有两个：一是理赔能力不可靠，投保人一旦出险想获取理赔时，小保险公司会千方百计推脱；二是小保险公司经营能力不可靠，如果小保险公司倒闭，投保人便无法继续获得保障。但事实并非如此。正规小保险公司并不会不顾信誉、只为赚钱而盲目经营，否则很难打造品牌信誉，更无法在市场立足。

关键的是，银保监会是所有投保人的保护伞，银保监会能保证所有保险公司按照合同约定进行理赔，不会出现应该理赔而不理赔的情况。而在理赔过程中，我个人感觉某些小保险公司的确有待提升，比如服务态度、理赔流程的简化与清晰程度、理赔处理时间等，大保险公司在这一方面的优势更为突出。但大保险公司的缺点在于保费较高，如此对比，你是想追求保险产品的性价比，还是为了优质服务呢？其实这也是一种商业定律。优质服务一般对应高价，这既正常又合理，不过正规小保险公司该理赔不理赔，或者理赔不足的情况一般是不存在的。

此外，小保险公司存在倒闭风险的问题也不用担心，因为银保监会规定保险公司如果倒闭，公司所有保单都会由新公司（往往是更有实力的公司）接手，由新公司指派新的服务人员跟投保人对接，继续提供服务，投保人可以继续享有保单的各项权益。我个人认为出现这类情况对投保人而言并不完全是坏事，因为投保人可以将保单免费从小保险公司升级到规模同等或更大的保险公司，同时投保的产品价值不变，这难道不划算？

## 5.2　配置保险的思路（青年配置方案）

保险产品种类丰富，具体产品更是让人眼花缭乱，那么我们应该怎么配置保险呢？不同年龄段的人群思路是不一样的。我们先从常见的青年人群开始分析。

### 5.2.1　青年保障类保险怎么买

根据我国人群划分习惯，14~35 岁的人群都属于青年人群，这一人群中大部分人上有老、下有小，所以这一人群大多是家庭顶梁柱，也是家庭配置保险的第一组人群，配置保险是有必要的。很多家庭的第一张保单不是给成人，而是给孩子的，我不否认应该为孩子买保险，但是家庭保险配置应该有优先层级，就像购买保险的优先级别要大于一些理财活动一样。

那么针对青年人群应该怎么配置保险呢？我认为优先顺序应该是以保障类保险为先，其中意外险、医疗险、重大疾病保险、定期寿险，这四个是必须买的；其次，如果资金充裕，再考虑长期理财类保险，如增额终身寿险、年金险、教育金保险、养老保险等。

## 5.2.2　青年保障类意外险怎么买

意外险是保费低但性价比很高的一个险种，一般几百元就能保障一百万元到几百万元。意外险保障什么呢？保障被保险人因遭受意外伤害而死亡、残疾，也就是说它是以死亡或者残疾为基本的给付条件的；然后再看是不是受意外伤害，意外伤害和死亡、残疾之间的内在联系是否合理。比如，我们常见的航空意外险，飞机坠毁乘客意外去世，这样就触发了航空意外险的给付条件。还有常见的交通意外，出行遇到交通事故，因交通意外身体残疾，这也触发了意外险的给付条件。虽然这些属于小概率的事件，大多数人不会遇到，但只要发生，投保人就能够得到几百万元的赔付，进而保障一个家庭的正常生活。所以意外险是每个家庭都买得起的入门保险，也是每个家庭应该配置的第一张保单。

## 5.2.3　青年保障类医疗险怎么买

医疗险也是价格相对便宜的一个险种，一般普通的医疗险每年的保费约几百元。中高端医疗险每年保费为两三千元，如果是包含国际顶尖医疗资源的医疗险可能要达到一万元甚至几万元。医疗险保障什么呢？主要保障投保人生病住院费用的报销，用于解决医疗费用问题。假如投保人生病或发生意外，就医所产生的门诊费、住院费、手术费等，可以通过医疗险报销。简而言之，就是我们日常去门诊诊疗一些介于常见疾病和重大疾病之间的疾病，出现这些疾病时投保人需要住院治疗，所产生的费用可以通过医疗险报销。

相信有人会问：我有社保何必再买商业医疗险呢？商业医疗险主要用于报销社保报销之外的费用。社保只能报销社保目录内的费用，如果搭配商业医疗险，就能解决社保不能报销进口药、先进技术的检查费等问题，这样保障范围更广，对我们更加有利。目前，很多疾病都采用新型治疗手段，如果只有社保，保障范围就会比较窄。试想，如果当病人躺在病床上选治疗方案时，一是社保内的普通方案，花费低但效果一般，二是新型诊疗方案，不在社保范围内但效果好，应如何选择？所以，医疗险的配置很有必要，关键是它价格低、性价比高，是每个家庭都可以承担，也应该配置。

我们一般买的医疗险俗称百万医疗险，为什么呢？就是说它的保额一般为 100 万元。这不是说你住院了就给你 100 万元，而是在 100 万元的额度内进行报销。

此外，我还想提醒一点，医疗险不是人人都能买的，它有比较严格的筛选标准。首先，年龄在 18~60 岁才能投保。其次，在健康方面有比较严格的要求：投保的时候会有健康问卷，会仔细询问疾病史、投保史、就医史等。投保的时候投保人需要如实告知，毕竟保险公司需要控制赔付率，投保人身体有疾病或者有潜在疾病风险的是不能通过核保的。最后，对职业有要求。一般常见的投保职业是 1 至 4 类职业，因为高风险职业（5 至 6 类职业）会提高赔付率和金额，普通的百万医疗险无法直接承保。对于这类人群，保险公司会另外推出产品，只是保费会相对偏高。

所以我在此提醒大家，如果你目前身体状况很好，一定要尽快投保百万医疗险，因为当你体检出现问题后再投保百万医疗险情况就复杂了。那么有些人会问：百万医疗险不是一年缴一次费吗，投保的时候没问题，不代表未来续保时没问题，如果身体出现问题就不允许续保，那我还是没有保障。这个关键问题其实不用太担心，目前市场上大多数医疗险都是承诺允许续保多年的产品，一般不会拒绝客户续保。

### 5.2.4 青年保障类重大疾病保险怎么买

重大疾病保险是家庭常见保障类保险中最复杂的一个，很多人对这一险种的概念处于模糊状态。首先，我们要明白，重大疾病保险是保障什么的。顾名思义，重大疾病保险保障的是重大疾病，但重大疾病是什么？重大疾病的标准如何划分？在这一概念上很多人存在认知误区。因为很多人理解的重大疾病和保险公司承保的重大疾病存在差异，所以出现了投保人患病后到保险公司理赔遭到拒绝的情况，这时投保人会认为保险公司诈骗、不可靠。事实并非如此。保险公司承保的重大疾病是在国家规定范围内的重大疾病，银保监会规定了恶性肿瘤、急性心肌梗死等 25 种重大疾病，凡是重大疾病保险就必须包含这 25 种，有些公司的保险覆盖了 100 种甚至更多的重大疾病。

那么是不是种类越多就越好呢？其实也不是这样的。国家规定的重大疾病基本涵盖了常见重大疾病的绝大部分，可以说患上其他的疾病都是非常小概率的事件。如果因为重大疾病的种类多一些，保费就贵很多，那应该注意，这个保险产品的性价比有可能较低。

此外，我们还应该注意，这些重大疾病并不能单纯从字面上进行理解。比如恶性肿瘤，很多人认为恶性肿瘤就是癌症，如果得了癌症保险公司就应该理赔。其实不然，保险合同里关于恶性肿瘤的定义是有明确范围的，说简单点就是必须达到浸润癌的程度，哪怕是非常轻度的浸润都可以，原位癌则不在理赔范围内。所以我们投保及保险理赔时千万不能想当然，从字面意思断章取义，一定要以保险合同为准。保险合同是非常标准的法律文件，保险所有相关活动都是围绕保险合同展开的，所以我们在购买前要认真阅读条款，千万不要单纯听保险代理人的解释而轻信保障范围。

那重大疾病保险具体应该怎么买，目前市场上各公司的重大疾病保险非常多，怎么去挑选呢？原则就是要考虑性价比。前面说了，其实别看各公司报的重大疾病数量不一样，实际上差别不大，很多疾病患病的概率是非常低的，所以没必要纠结数量，而应该看以下几点，如图 5.2-1 所示。

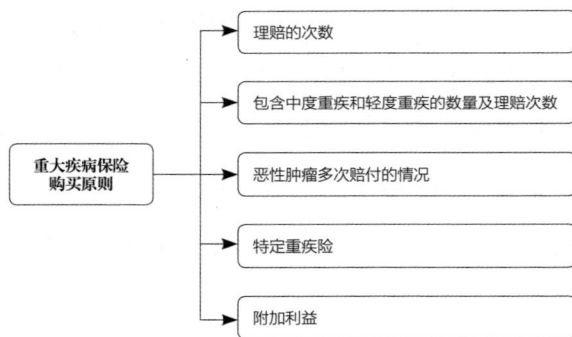

```
                            ┌─────────────────────────────┐
                        ┌──▶│ 理赔的次数                    │
                        │   └─────────────────────────────┘
                        │   ┌─────────────────────────────────────┐
                        ├──▶│ 包含中度重疾和轻度重疾的数量及理赔次数  │
                        │   └─────────────────────────────────────┘
   ┌──────────────┐     │   ┌─────────────────────────────┐
   │ 重大疾病保险   │─────┼──▶│ 恶性肿瘤多次赔付的情况         │
   │ 购买原则      │     │   └─────────────────────────────┘
   └──────────────┘     │   ┌─────────────────────────────┐
                        ├──▶│ 特定重疾险                    │
                        │   └─────────────────────────────┘
                        │   ┌─────────────────────────────┐
                        └──▶│ 附加利益                      │
                            └─────────────────────────────┘
```

图 5.2-1　重大疾病保险购买原则

一是理赔的次数。目前很多重大疾病保险都是可以赔付三次甚至更多次的。什么叫赔付三次？就是在第一次因罹患重大疾病得到赔付后，过了一定时期，又患有另外一个重大疾病，那么可以再次按重大疾病保险额进行理赔，第三次也是同理。

二是包含中度重疾和轻度重疾的数量及理赔次数。目前，重大疾病的保障范围已经大幅扩大，现代重大疾病保险可以同时保障中度重疾和轻度重疾，比如轻度脑中风属于轻度重疾。每个公司对中度重疾和轻度重疾的赔付比例不太一样，轻度重疾一般赔付 20%~45% 的保额，中度重疾一般赔付 50%~60% 的保额。此外，各公司对中度重疾和轻度重疾的赔付次数也不一样，目前常见的都是各赔三次。至于中度重疾和轻度重疾所涵盖的疾病数量，原理同上，也不要过于纠结数量。

三是恶性肿瘤多次赔付的情况。有些公司赔付 2 次，有些公司赔付 3 次，至于赔付 4 次、5 次的，我个人认为是宣传噱头，因为大多数人无法承受 3 次以上恶性肿瘤。所以数量太多没有意义，我们要关注的是第二次赔付恶性肿瘤与第一次赔付恶性肿瘤的时间间隔，很多公司要求第一次赔付恶性肿瘤后生存满 3 年，有的公司要求满 5 年，自然优先选择年限少的。恶性肿瘤之所以按重大疾病理赔，是因为容易反复出现，很多人第一次赔付后 3 年内又会出现恶性肿瘤。5 年一般是医学上恶性肿瘤的术后观察期，超过 5 年没问题的基本可以算作治愈。所以保险公司定的 3 年和 5 年期限是关键，这直接关系到能否拿到第二次患恶性肿瘤的理赔金。

四是特定重疾险。比如男性特定重疾险、女性特定重疾险或少儿特定重疾险等，男性发生前列腺癌，女性发生乳腺癌，少儿出现白血病等疾病时，赔付额度更高。原本癌症只能赔付 30

万元，但是如果发生的癌症属于特定癌症，则可以赔付到 40 万元。特定重疾险对特定人群比较有利，因为特定重疾险让人患常见病时也拥有获得高理赔额的机会，这等于增加了保单价值。

五是附加利益。比如有些保险公司会承诺一些住院津贴，或者一旦确诊轻度重疾、中度重疾或者重度重疾这三类之中的一种，则可以免交后续保费，保单继续有效，也就是享受豁免保费的权利，这些附加利益十分实用。比如某投保人第一次获得理赔是因为恶性肿瘤，按照这些附加利益约定，该投保人后续很多年的保费可以免除，保单继续有效，未来再罹患重大疾病都可以按照合同约定正常获得一次或者多次理赔。

## 5.2.5 青年保障类重大疾病保险的保额为多少合适

购买重大疾病保险的额度应该为多少呢？这点请大家着重关注，我个人认为尽量一次性买够。何为一次性买够呢？我们都了解重大疾病保险的作用是面对两大情形。一是治疗重大疾病需要很多费用，包括手术、放化疗、特效药的费用，以及后期的治疗费用。二是罹患重大疾病导致收入减少，比如某投保人因为患病休养 1 年，没有收入，还有可能患病后身体不允许从事原来的工作，换了新工作后收入大幅度降低了等。

那么我们投保重大疾病保险的保额就得能够覆盖上述两类风

险。我们可以提前进行计算，目前治疗重大疾病的费用一般是在 10 万~80 万元，某些疾病需要长期护理，每年都需要 10 万元以上的花费，总费用多少要按照生存时间进行估算。之后再计算收入可能下降的总数，比如某投保人目前年收入为 10 万元，如果因患病无法继续从事原来的工作，则收入可能会降低至多少，无法工作的时间内收入总差距又是多少。这些都可以依据实际情况进行估算。

我个人的意见是，针对目前在一线、二线、三线城市打拼的青年人群，100 万元的保额差不多。某些人只购买 20 万元保额的保单，这一额度很难覆盖长期风险。我们需要注意，重大疾病保险投保有严格限制，如果开始不买够，一旦身体出现问题，后续再想提升重大疾病保险保额，基本不可能。所以一定要在身体好的时候一次性买够。当然，一次性买够不代表在一张保单上买够。我们可以多买几张保单，加起来够 100 万元就行。我们可以选择不同公司特点不同的保单进行组合。比如有的保险公司的特定重疾的险种保障比较好，有的公司对恶性肿瘤多次理赔比较友好，这样我们可以将这些公司的优势结合，优劣互补。

## 5.2.6　青年保障类定期寿险怎么买

最后一个常见的青年保障类保险是定期寿险。为什么选择定期寿险而不选择终身寿险？因为终身寿险的性质和定期寿险不一样。我们每个人都有离世的一天，即投保终身寿险一定会得到理赔，那么保险公司为保障自身利益，终身寿险的保费会定得比较高。人们投保终身寿险更多是为了在离世时将财富顺利转移给受益人，避免法律及人情上出现纠纷和麻烦。所以终身寿险更多应用于财富的传承，而不是日常保障。下面，我们主要分析定期寿险。

定期寿险最大的优势就是具有财富杠杆的作用，我们每年交几千元保费，可以得到几百万元的保额，这是其他理财工具不可比拟的。定期寿险特别适合用在家庭顶梁柱身上。例如，有的丈夫在外打拼，妻子在家相夫教子，家庭生活重担都落在丈夫身上，一旦出现意外，就如前文提及的程序员一样，家里状况急转直下。所以家庭的顶梁柱应配置定期寿险。

此外，很多家庭夫妻两人都工作，这时两人都应该配置定期寿险，作为身故的风险对冲。定期寿险的配置主要针对家里的青年，老年人和孩子不用配置此类保险。

那么，定期寿险的保额为多少合适呢？这主要看被保险人未来收入的情况。比如被保险人是家庭收入的主要来源，每年收入20 万元，按照 35 岁男性的标准计算，被保险人还可以工作 25年，他未来的收入（不考虑收入变动和通货膨胀等）预计为 500万元。

而未来的 25 年，正是上有老人需要赡养，下有孩子需要抚养的重要阶段，所以确定保额的基本原则是实现未来收入的 80%。按照年收入 20 万元计算，购买定期寿险后，每年应拥有 16 万元的保障。那么每年 16 万元，怎么计算投保的总额呢？是不是用 16 万元乘以 25 年呢？其实是，因为保险理赔金是一次性支付给你的。你完全可以用一次性支付给你的保险理赔金来购买低风险的理财产品，每年的收益也十分可观。

然后计算预期收益率，按照较为常见的 4% 计算。如果保险金为 250 万元，一年的收益大概为 250×4%=10（万元），然后我们可以拿出一部分本金 6 万元，凑成预期的 16 万元就可以了，剩下的 244 万元继续用于购买理财产品；第二年一年的收益为 9.76 万元，第二年我们再拿出 6.24 万元凑成 16 万元；以此类推，只要计算这 25 年当中是否长期保障每年有 16 万元的收入便可以了。

当然，这里没有考虑到一个重要的变数就是通货膨胀，比如这两年 16 万元的收入能替代原来的收入，十几年、二十几年后就替代不了了。所以应该预购一定的富余数额。如果投保人经济情况允许，建议将保额计算得宽松一些，以确保未来家庭无论出现任何意外，生活质量都不受影响。

还有一个比较简单的计算方法，是把原来的收入乘以剩余工作时间，按照上述案例计算为 20 万元乘以 25 年，结果为 500

万元。我们买 500 万元保额的定期寿险，这样可以在理赔时一次性拿到保险理赔金后每年获得理财收益，扣除被保险人去世后个人花费的减少，通常可以抵消通货膨胀的影响。500 万元的保额应该能够代替被保险人未来 25 年的收入。所以，一般家庭购买的保单保额为 250 万~500 万元（按上面的案例，以年收入 20 万元、35 岁的男性计算），具体可以依照家庭保费规划来决定。

### 5.2.7　青年理财类保险配置的思路

理财类保险主要有年金险、万能险、增额终身寿险等，目前市场上主流险种为增额终身寿险，我们来分析一下这个险种。

增额终身寿险从名字上感觉是保障类的个寿险，其实不是，如果我们仔细看保险合同，就知道它本质上和个寿险关系不大。目前市场上此类保险的年化收益率是 3.5%。简单计算一下，暂不考虑其他情况（包括复利），比如你有 100 万元，按 3.5% 的年化收益率计算，存 20 年后可以增长至 170 万元，30 年后可以增长至 205 万元。确定 3.5% 的年化收益率后写进合同，保单便受银保监会监管，不会出现不兑付的情况。其他理财渠道除了国债和定期存款，一般都难以与之比拟。不要小看"确定"二字，目前金融市场动荡，经济形势复杂，稳定取得 3.5% 的收益直到终身，这并不容易。考虑未来无风险收益率不断降低的情况，银行理财产品的收益平均水平会越来越低，就和目前利率水平总体越来越低的道理一样。可能短时间内没有体会，但十年后、二十年后，你可以感受到 3.5% 的优势。

增额终身寿险适合谁购买呢？一般来说，是有长期理财需要的家庭。比如有购买养老金、子女未来的教育基金、创业金、婚嫁金，以及家庭财产的传承等方面需求的家庭。总之，这部分资金一般于 20 年后使用，而不是中短期内使用，不要把增额终身寿险当成理财产品。增额终身寿险前几年的回报率有限，因为保险公司要扣除保障成本，也要避免投保人过早赎回，这也是当前银保监会管理的一个重点。

那么，增额终身寿险买多少合适呢？这就要取决于对未来资金的需求和投保这些年能承受的保费压力了。比如买一份增额终身寿险是为了作为养老金的补充，那么需要计算一下目前的养老金替代率是多少，缺口有多少。如果买增额终身寿险是为了子女出国留学用，那么需要计算一下目前出国留学的总费用和最近几年的增长率，再计算出未来需要的金额。注意，增额终身寿险可以重复购买，所以不需要一次性买全，最好的方式为逐步加保。可依据当前的家庭收支和保险费用的预算，来合理把握购买的节奏。

此外，还应该注意受益人的情况。因为增额终身寿险虽然是以理财为重要目的的保险，但从形式上，它确实是个地道的寿险，所以受益人的选取也是关键。一般来说，选家里的未成年人作为受益人是比较合适的。如果选择成年人，一旦受益人身故，则保单终止，长期理财的目标容易无法实现。但如果受益人是未成年人，即便父母有一方身故，保单仍有效，理财计划可以继续进行。相信会有人说，如果父母有一方身故，家庭收入则无法保障，这些理财类的保险也就无法购买了。这点可以参考我们前面讲到的定期寿险的作用，如果我们合理地购买了定期寿险，那么一旦发生风险事件，我们仍然可以按照原计划购买增额终身寿险，用于原来制定好的理财目标，比如孩子出国留学、婚嫁等。

此外，很多增额终身寿险还附加一个万能账户，这个账户可以视为一个非常有用的资金池，可以作为家庭中短期理财的主战场。这和增额终身寿险的长线理财形成了组合，成为家庭低风险理财的重要阵地。关于这个万能账户，我们将在后续详细地展开分析。

## 5.3　配置保险的思路（未成年人配置方案）

未成年人的保险配置相对简单，主要就考虑三个保障类保险，分别是意外险、医疗险、重疾险。寿险不做重点考虑，因为国家规定 10 岁内最高赔 10 万元，18 岁以下最高赔 50 万元，所以为未成年人买寿险对家庭风险没有太大对冲作用。下面我们重点分析常见的三个保障类保险。

## 5.3.1　未成年人的意外险怎么买

和成人一样，意外险是应该给孩子配备的第一个保障类保险。大多数孩子天性好动，而且对危险考虑不足，出现意外的概率更大，所以父母需要为孩子配备意外险。特别要注意意外险的保额要充足，免赔额越低越好，最好还可以报销社保外用药。

## 5.3.2　未成年人的医疗险怎么买

为未成年人购买医疗险的原理和成年人一样，医疗险也是家庭应该给孩子配备的基础保险，保费和意外险一样，都普遍较低。如果家庭条件允许，个人建议可以购买中高端医疗险。因为孩子的健康问题是父母最忧心的问题，一旦孩子生病住院，大多数家长愿意选择最专业的医生进行诊疗、提供治疗方案或者建议。

有些人认为，孩子的小型疾病在门诊诊治便可以，但我们需要注意，很多时候大医院的住院部床位较为紧张，如果在孩子正需要住院治疗的时候床位不足怎么办？这时候如果配有中高端医疗险，可以进入特需部或者国际部，那里不仅床位宽裕一些，治疗和疗养的环境也会好得多。一般孩子住院时，家长随身陪护，而在普通病房，陪护的条件相对有限，很多时候家长只能在临时搭起的折叠床上休息。但是在特需部、国际部，陪护条件则十分优越。一些对接私立医院的高端医疗险可能治疗的环境更好。这些可以根据家庭的经济情况和保险预算进行选择。

### 5.3.3 未成年人的重疾险怎么买

为未成年人购买重疾险和为成年人购买的情况类似，这一险种同样是保障类保险中最复杂、选择起来最困难的险种。大致的选择原理和成年人相同，这里我们重点分析几个注意事项。

第一，保额问题。成年人的情况我们已经分析过，购买这一险种建议尽量把保额买足，而对于未成年人，个人建议则不必一次性买足，因为未成年人会不断成长，后续可能出现更合适的保险产品，我们可以通过不断加保来实现重疾险的组合，所以针对这一险种，未成年人保额可以为成年人保额的50%~80%，留一定的加保空间。

那么少买或者不买是否可行？当然不可行，因为对于未成年人而言，购买重疾险非常必要。国家卫生健康委员会有关资料显示，我国 14 岁以下小儿每年被确诊恶性肿瘤的人数在 3 万人到

4 万人之间，恶性肿瘤已成为儿童生命的第二大杀手，近年来儿童恶性肿瘤的发病率上升了 18.8%。其中，白血病位列小儿恶性肿瘤之首，确诊人数占该年龄段所有恶性肿瘤确诊人数的 35%，尤以 2 岁至 7 岁的儿童居多，随着环境污染的加重，发病率还在每年增加。除恶性肿瘤外，保守估计，少儿患重大疾病的概率约为 3‰，我国每年约新增 7 万个身患重大疾病的少儿，患病人数每年呈上升趋势。

第二，要注意儿童重疾险的附加利益。我们刚刚提到，儿童罹患恶性肿瘤的概率呈上升趋势，所以选择重疾险的时候要特别关注针对恶性肿瘤的理赔情况。一些儿童重疾险针对常见的某些疾病给予了双倍保额赔付的利益，比如说本来这张重疾险保单保额为 50 万元，一旦被保险人罹患规定的重疾，保险公司则赔付 100 万元。

第三，我们要从孩子的人生视角考虑重疾险的利益情况。什么是孩子的人生视角？比如重疾险里的恶性肿瘤多次赔付利益，我们要对此仔细考虑，有些重疾险针对恶性肿瘤只给两次赔付机会，我们就要思考如果孩子在年幼阶段罹患恶性肿瘤，然后中年阶段第二次罹患恶性肿瘤，后续人生中如果不幸再次罹患恶性肿瘤，就无法获得理赔，这就是孩子的人生视角。希望读者朋友不要对此怀有太大抵触情绪，因为站在孩子的人生视角思考更多可能是父母的责任，所以一定要把各种可能考虑充分。

# 5.4　配置保险的思路（老年人配置保险方案）

老年人可配置保险的险种相对较少，相比成年人少了寿险和重疾险，下面我们就来分析老年人的保险配置思路。

## 5.4.1　为什么老年人不买重疾险

为什么没必要为老年人买重疾险？岁数比较大的老年人，常常会因为有各类基础病和不良的体检、看病记录被保险公司拒保，就算保险公司愿意承保，保费也非常高，十年保费和保额基本相同。如果老年人购买重疾险后短期内罹患重大疾病，投保人的权益可以得到保障，如果多年后患重大疾病则对投保人而言并不合适。

由此可见，重疾险对老年人的财务杠杆作用较小，保险作用不突出，所以不建议购买。不过有一个情况我们需要进行说明，不少人认为老年人可以投保防癌险。实际上，防癌险本质是缩小版的重疾险，原理和重疾险是一样的，投保防癌险也要基于老年人的实际情况，重点看老年人的年龄和投保的除外情况。如果年龄过大，则不建议投保，原因上述已经进行说明，其次看除外情况。什么叫除外呢？就是保险公司根据被保险人投保时身体上的一些问题进行保险责任的除外。比如，被保险人有肺结节，那么很可能保险公司会在合同里明确写一句：肺部患病的责任保险公司不承担。如果被保险人有多种类似的问题，比如肺部有结节的同时，甲状腺有结节、乳房有肿块、肠有息肉、胃部有较严重糜烂等情况，那么可能保险公司即便承保，也会将肺、甲状腺、乳房、肠、胃部的责任都排除在外，这种保单根本没有意义。所以，投保时一定要具体情况具体分析。

## 5.4.2　老年人怎么买意外险

从目前的保险情况来看，值得老年人投保的险种主要有两个，意外险和医疗险。意外险对老年人而言是应该购买的，因为老年人的身体机能退化，遇到特殊情况反应比较迟缓，容易出现各种意外。配置过程中要注意两点：一是注意报销范围，尽量选择不限社保报销的产品，比如骨折使用进口钢钉或其他自费药都可以报；二是注意是否包含住院津贴，老年人一旦住院，实时看护是必需的。但子女有时抽不开身去照顾父母，那么请一个护工需要一定支出，大概每天三四百元，这个时候住院津贴就能够发挥重要作用。另外，老年人发生骨折的概率比较大，一些意外险

对骨折的理赔设置单独的保额或者单独的住院津贴，这些利益也
非常突出。

## 5.4.3  老年人怎么买医疗险

老年人购买的医疗险与我们前面提到的百万医疗险不同，因
为百万医疗险的限制较多，对于身体情况考察较细，老年人多患
一些基础疾病以及有其他问题，大多数情况下无法投保百万医疗
险。这时我们可以退而求其次，购买防癌医疗险。癌症可以说是
老年人发病概率非常高的一种重疾，在 55 岁之后，患病概率更
高，且治疗费用昂贵。所以购买防癌医疗险非常必要，这也是对
放弃投保防癌险的一个补充措施。在挑选防癌医疗险的过程中，
要留意三个变量，如图 5.4-1 所示。

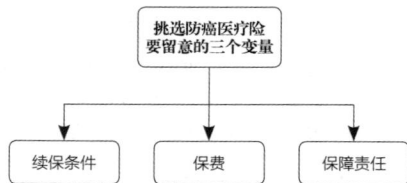

图 5.4-1  挑选防癌医疗险要留意的三个变量

一是续保条件。防癌医疗险作为医疗险的简化版，和百万医
疗险一样，续保条件是非常重要的考量因素。老年人体质弱，身
体变化大，如果购买了无法保证续保的防癌医疗险，对老年人而
言个人权益则无法得到保障。因此，良好的续保条件对防癌医疗

险非常重要。

二是保费。防癌医疗险的偿付标准非常明确，一般是治疗癌症的相关支出，如果保障原位癌，还包括原位癌的相关治疗费用。在保障责任同等的情况下，选择保费最低的即可。

三是保障责任。癌症的治疗费用可以简单地划分为四部分：住院医疗、特殊门诊、门诊手术、住院前后急症。这四部分是必须要有的。

## 5.5　购买保险的注意事项

下面，我基于自己十几年来购买各类保险，以及帮助亲友选择、购买保险，办理保险理赔，退保等相关事宜的亲身经验，和大家分享购买保险的注意事项。

### 5.5.1　购买保险前的注意事项

#### 1. 买保险之前不要去体检

买保险时，保险公司会调阅我们当前和过往所有的体检、住院、门诊、保险理赔等记录，所以我们体检出的一些小问题，可

能会造成保险公司对某项责任除外承保甚至拒保。比如预计 9 月
体检，那么最好 8 月前把保险买了，再去体检，这样比较稳妥。
这里再强调一次，重疾险、医疗险投保一定要趁早，不然年龄越
大，出现的一些亚健康状况越严重，保险公司对某项责任除外承
保甚至拒保的概率就越高。

**2. 注意货比三家**

最初购买保险产品时对产品了解往往不深入，多和不同的保
险代理人沟通，听听这些专业人士的意见建议，可以丰富自己的
专业知识。常言道，"不怕不识货，就怕货比货"。经过比较才
能发现哪一个产品性价比更高。以我的个人经验为例，我买重疾
险这类比较复杂的险种时一般会提前制作一个产品对比表，把关
注的、性价比较高的产品放在表格里进行横向对比分析，最终找
出最适合的产品。

## 5.5.2　购买保险时的注意事项

### 1. 选择合适的

保险不是越贵越好，同类产品选择大公司、知名公司往往需
要支付更高的保费。某些人将购买其他商品的经验套用在买保险
上，认为贵有贵的道理，贵代表超值。这种理念并不正确，购买

保险主要看条款，性价比主要体现在保险合同中，公司品牌并不是首要选择，没必要为品牌买单，更没必要因为品牌购买性价比低的保险产品。

### 2. 不要轻信介绍，要看合同条款

购买保险时不要轻信保险代理人或者经纪人的介绍，一定要详细阅读合同条款。否则很容易出现理解偏差，在保险理赔时容易出现分歧和麻烦。我们要在投保前将自身情况、保险条款及理赔等问题搞清楚。单纯听保险代理人、经纪人介绍就选择投保很难保障自身权益，因为一旦在合同上签字则代表你认真阅读并接受了条款，出现争议后保险公司完全可以根据合同拒绝你的理赔请求。

### 3. 健康告知特别重要

建议向经验丰富的保险经纪人咨询如何向保险公司进行健康告知。但有一点我们要明白，必须如实告知，不能刻意隐瞒病史，因为如果隐瞒病史后保险公司承保了，那么到理赔的时候隐瞒病史会成为无法理赔的关键因素。

### 4. 不要被保险公司误导

因为很多保险产品的增值服务一文不值。现在很多保险产品喜欢用大而全的噱头进行宣传。比如一个简单的健康险，附加一

堆增值服务，其中包括医院导诊、专家视频诊疗、特效药使用权，甚至国外医疗的远程会诊权等。事实上很多附加增值服务根本没有实际价值，这种产品看似性价比高，事实上却让很多投保人浪费了很多保费。

### 5. 意外险买一年期

目前，很多保险公司推出了多年期的意外险，比如八年的、十年等。但是这些多年期的意外险实际上性价比不高，看上去保障很多年，而且还有增值条款，但事实上是保险公司精算出来的结果，这一结果往往对保险公司更有利。要记住一句重要的话：买健康险属于消费。很多人不理解，总觉得保费花了就没了，实际上保费换来的是定期的权益保障。目前，很多附加增值、返还条款的保险产品都是利用消费者不想"吃亏"的心理设计出来的，可事实上这类产品的性价比很低。我们需要牢记，买保险产品就是为了保障自己的相应权益，比如购买重疾险就是为了发生重大疾病时获得赔付，购买意外险就是为了出现意外时获得赔付，购买医疗险就是为了需要支付医疗费用时获得赔付，这就是保险的本质，不要幻想购买健康险还能够赚钱。

意外险因为可以一年缴纳一次保费，所以和其他保险产品不太一样，可以每年更换，更换为当年性价比高的产品。

## 6.寿险的受益人勾选指定一栏，不要选法定

如果受益人选择法定，当理赔时按照法定顺序出现一些不利情况，投保人往往无法准确将各种理赔金额顺利转移给自己期望的受益人。所以，我在此提醒大家，找专业的保险经纪人，在投保过程中不要太过想当然，多听专业人士的解释和建议才是购买保险的正确方法。

## 7. 保障年限和保额发生冲突，优先考虑保额

这种情况多发生在保费预算不足的家庭，如果只能选一样，我们要优先选择保额，把保额做高，保障年限可以适当缩短。因为保险事件，比如死亡、大病、意外，随时可能发生，预测不了，必须优先保证出现保险事件的时候保额是足够抵御风险的。至于保障年限短，可以通过后期经济状况改善后，再追加新的保单来解决问题。

## 8. 对理财类保险不要轻信宣传年化收益率超过 3.5% 的

因为国家目前规定理财类保险产品的年化收益率上限为3.5%。实际上，大部分产品都是在多年时间后年化收益率无限接近 3.5% 的，比如 3.49%。不过某些保险公司为了吸引消费者购买，进行过度宣传，将年化收益率宣传得更高，这些大多是噱头，不要轻易相信，一切以合同条款为主。不明白时可以咨询专

业的保险代理人。

### 9. 交个保险经纪人朋友受益终生

除非我们自身具有专业的保险知识，否则我建议大家最好交一两位保险经纪人朋友。这些朋友可以随时根据你的情况帮你规划更优的保险方案。千万不要以为保险是一次性买卖，因为很多保险要进行调整、优化、加保等操作。随着大家年龄增长、经济条件变化，对之前投保的产品可能会做出各类调整，要定期联系保险经纪人朋友，请他们帮自己规划哪些地方应该做出调整，以确保保险配置的合理性。

### 10. 进行保单清理

一个家庭的保单叠加后可以达到十几份，甚至几十份。这些保单可以包括重疾险、医疗险、意外险、寿险以及理财类保险等。不同种类的保险中又有多个被保险人，每类产品的一个被保险人名下可能又有多张保单，比如我的重疾险就有三张保单，我儿子的重疾险也有三张保单。这就需要我们进行保单清理。目前，市面上有不少保单清理的软件，建议在专业的保险经纪人指导下对全家的保单进行清理。在保单清理过程中，我们就会发现：有些保险产品可能不太合适，比如性价比比较低，看能否找新的性价比更高的产品替代；还有的保险产品可能因为某种原因可以不再续保了，比如功能上与其他保险有重叠的，我们之后就不用再续保这个产品，降低保费支出。总之，实施保单清理后我们清楚了保单的保障情况和保费支出情况，就能够有的放矢地进行改进，确保保障完备。提高投保的性价比是我们进行保单清理的终极目标。

### 11. 要看清理财类保险的保证收益和演示收益

很多理财类保险销售时，都会计算保险产品一定年限后的增值数额，但需要注意这个计算结果基于何种收益率。如果是合同保证收益率则可以理解为收益是必然实现的；如果是演示收益率就要小心，因为演示收益率是不确定的，实际执行以保底收益率为准，如果没有保底收益率，那么实际收益为零也是不违反合同的。

### 12. 对银行推出的保险或者打着理财名号的保险产品，要多加小心

很多老年人去银行本来是买理财产品，结果被理财经理误导购买了保险，最终损失惨重。我的一个朋友亲身经历过类似事件，在某个知名银行中受影响储户有 30 多人，案发后多名银行工作人员及相关人员被刑拘。所以，我们不仅自己要小心，还要提醒家里的老年人特别注意这类产品的问题，因为我们不是专业人士。特别是老年人，在没看清合同也不理解合同的情况下，就轻易购买保险，购买后还认为自己购买的是保本理财产品，可事实上却是保险产品。当然也有一些这类产品并不涉及犯罪，但是

仍然会让人购买到性价比非常低的产品。

### 13. 不要买"全家桶"类型的保险

有些保险套餐声称可以保全家所有人，保障内容还特别全面，这类保险不要轻易相信。因为没有一家保险公司能推出所有险种都处于行业性价比领先位置的保险，正常情况下一家保险公司最多同时在某一两个方面能做到领先位置。所以，我们组建家庭保险配置包的时候不能怕麻烦，需要一步一步进行，一个一个挑选，大多数大而全的"全家桶"类型的保险套餐都是性价比很低的产品组合。

### 14. 带着善意了解保险，带着防备购买保险

人们对待保险的态度有两个极端类型。一类觉得保险就是骗局，根本不能买或者不值得买。另一类觉得保险不错，应该买，但是买的时候过于盲目，很容易轻信保险经纪人或代理人的宣传，轻易签订购买合同。这两类极端情况我们都应该避免。对保险的态度，应该是开放、欢迎的，带着兴趣去研究它。而在购买保险的过程中要小心谨慎，认真阅读条款，认真和保险经纪人、代理人沟通。最理想的情况就是深入钻研保险产品之后与保险经纪人就自己的实际情况进行深入沟通，找到最合适的保险配置方案。

## 15. 让保险成为陪伴终身的朋友

保险，可以覆盖一个人大多数的需求，帮助我们防范风险，比如一个人还没出生时的风险（比如生育险可以保障准妈妈怀孕中的一些风险）到死亡时的风险，真的是从生到死，在各个环节给予陪伴。所以我们要把保险当成我们一生的朋友并珍惜它。

第 6 章

# 财富自由通路上的资产配置原则及方案

# 6.1　资产配置的模型与原则

　　本章我们主要分析家庭资产配置。本书中的家庭资产配置思路可能是颠覆性的，和很多投资理财类书都不一样。当下很多人看的普通投资理财类书对家庭资产配置的观点过于类似，书中观点主要从西方的一些理财模型演化而来，比如标准普尔模型，但这些观点并不符合我国国情，直接生搬硬套容易水土不服。我结合自己多年的投资理财实践经验，以及从上百本投资理财类书中获得的启发、体会，构建了一个适合当下我国家庭的资产配置模型。

## 6.1.1　资产配置的模型

　　我提出的这个模型主要包括四部分，如图 6.1-1 所示。

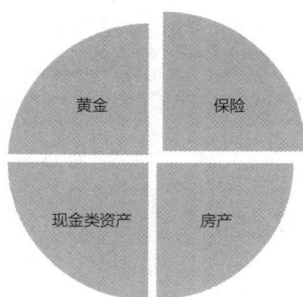

图 6.1-1　资产配置模型的四部分

一是保险，我认为保险是资产配置模型的基础。之前介绍过保险的一些配置方法，随后我会继续分析保险在整个家庭资产池中的地位、配置比例，以及与资产池中其他资产的联动问题。

二是房产，房产被很多人视为家庭资产的压舱石，占有绝对地位，且短期内不会动摇。我希望大家不要轻易相信所谓经济学家照搬的西方经济学的经验主义理论，在这套理论中房产占家庭总资产的比重逐步下降，股票和基金等金融资产的比重不断上升。这并不符合我国国情，具体原因我们后面再展开讨论。

三是现金类资产，这类资产也可理解为包含现金在内的金融资产。这里所说的现金类资产是广义的，是指短期内可以直接转化为现金的金融资产。

四是黄金，这也是重要的实物资产。

从资产属性分析，保险和现金类资产属于金融资产，房产和黄金属于实物资产。对于这一"2+2"的资产配置模型。其中保险前面已经进行过讲解，房产我会在后面用大篇幅详细展开，这里我们主要分析现金类资产和黄金。然后我们再讲讲资产配置原则。

## 6.1.2 "实物资产为核心"原则

前面我们分析了家庭需要配置哪些资产，下面我们重点分析资产配置原则及组合的原理。

大家常常会思考一个问题：到底拥有多少钱才能安享晚年，或者拥有多少钱才能提前退休，实现财务自由。事实上，当我们冒出这个想法的时候，就已经陷入了逻辑上的错误而不能自拔，越往深想错得越多。我们平时投资的时候，内心思考的是用现在的投资获得未来的财富，再以未来的财富保障未来生活，但是这种想法在通货膨胀的大环境下很难实现。比如我岳父母在年轻时为我爱人买了一份理财类保险，当时销售人员承诺只需要投入少量的资金，几十年后可以翻几倍，这笔钱对孩子而言是一笔可观的收入。那么这笔钱增长到多少了呢？我可以告诉大家，本金和利息一共几万元。在那个年代几万元可以帮助子女完成很多重要的人生大事，但是在今天几万元对人生大事而言只能算杯水车薪。所以你没办法预测未来的通货膨胀，也没办法预测未来积累的财富是否充足。这是一个非常重要的问题。

现在很多理财类保险都有这个问题。销售人员会告诉你现在投入的金额，到你老了之后可以拿到的回报，然后声称这种投资理财可以保障你的老年生活。事实上这种理财能够保障的只是你能够按照约定拿到的投资收入，并无法保障老年的生活品质。你拥有了可靠的实物资产，比如核心资源区内的优质房产、黄金等就可以保障自身财富水涨船高，而你是这条船上的乘客。所以配置实物资产的底层逻辑是，将当下的金融资产，转换为经久不变、稀缺的优质实物资产，储备多年后便可以享受生活。

我建议大家从现在开始，摒弃用有多少钱来衡量财产的习惯，因为这种习惯只能看到短期利益，而忽略时代格局。关注纸币的购买力才是我们投资的关键，纸币的数量并不重要。

对于老百姓而言，购买股票、基金、保险及其他理财产品，这种行为看起来是分散现有金融资产，但是实际上大多数人购买的是一类投资，这便是有价证券，也就是我们上文讲解的现金类资产。大家投资的目的自然是希望创造更多财富、积累更多资产，但是仅通过未来金融资产来保障生活品质，这在逻辑上是存在一定风险的。在预期的通货膨胀下，我们越早持有可靠的实物资产，就越容易抵御通货膨胀。而实物资产，尤其是优质实物资产的供应量非常稳定，不会出现类似股票因发行过多而价格走低的情况。比如黄金，每年开采量基本固定；再比如北京二环内的住宅，买一套则少一套，因为住宅用地已经用完。进行这类实物资产投资是积累财富的低风险途径。

### 6.1.3 "两个互相转化"原则

资产可以分为两个大类，现金类和实物类。我们之前分析了实物资产具有抵御通货膨胀的优点，那么是不是只配置实物资产便可以了呢？当然不是，现金类资产也非常必要，它最大的作用不在于其本身的升值，而在于其在经济萧条时可以大幅度增加购买力，从而可以买到更多、更优质的实物资产。这能够帮助你获得弯道超车的机会。我认为在经济过度繁荣时，大家没有必要追加实物资产的投资，把实物资产逐步变成现金类资产也是一种有效的理财方式。这是现金类资产和实物资产的轮动规则。实现并保持这一循环，你的资产水平会节节攀升。图 6.1-2 所示为"两个互相转化"原则的示意。

图 6.1-2 "两个互相转化"原则的示意

这里我要着重提醒各位，在经济萧条的时候，我们要先购买实物资产，之后再购买股票、基金等证券资产。因为证券本身没有使用价值，人们购买股票、基金的主要目的是未来卖出时可以获得更多收益。这类资产非常怕无法及时提现，一旦出现无法及时提现的情况，这类资产便无法使用，资产价值会不断下降，资产持有者内心开始恐慌。而投资实物资产就没有这种顾虑，人们持有实物资产的时间越长，获得的幸福感越多，只需要确定其拥有长期升值的潜质。

我建议在经济萧条的时候把金融资产投资出去，把纸币购买力释放出来。因为给人们带来幸福的不是纸币，而是商品与服务的数量及质量，而纸币的购买力在经济萧条时可以获得放大效果，这也是我们大量配置现金类资产的意义所在。

很多专家表示在经济萧条时"现金为王"。但是"现金为王"不是指单纯持有现金，而是在购买力提升时投资、消费，这才是关键。而且我们可以看到，很多人在经济萧条时并不敢投资，因为容易出现买什么亏什么的状况，市场价格不断下跌导致投资机遇不断减少。试想，有谁乐意每天看着自己的金融资产贬值呢？但是这个时候我们要理性、冷静，要敢于投资，100元贬值为 80 元并没有太大问题，只要经济低谷过去，100 元的价值不但可以回到 100 元，还可以超过 100 元。那么有人要问：我为什么不等到 100 元贬值为 80 元的时候再投资呢，这些时候投资不是更合适吗？要知道，即便是巴菲特也无法精准预测谷底，所以只要在价值明显被低估的区间将金融资产投资出去便可以了，不要过于在乎是否把握了最佳的投资时机。事实上这很难把握。

## 6.1.4 "三个保持"原则

"三个保持"原则是指现金类资产配置的三个重要原则，如图 6.1-3 所示。

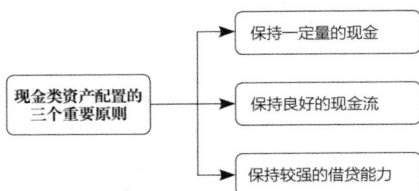

图 6.1-3　现金类资产配置的三个重要原则

一是要保持一定量的现金，用于把握投资机遇。

二是要保持良好的现金流。未来稳定的现金流是成功投资的前提，很多投资人无法准确把握投资机遇不是因为投资项目有问题，而是现金流不充足。这种情况非常可惜，因为投资人只能把良好的实物资产提前卖出换取现金流，所以这类情况一定要避免。保持良好的现金流就要从我们开篇讲的良好的理财习惯入手，记好日常账目，做好资金规划，对自己短期（1 个月到 1 年）的收支做到了如指掌，对中长期（1~5 年）现金流有明确的规划。

三是保持较强的借贷能力。这如同救命稻草，在危难时刻能帮助你走出泥潭。我建议，大家应该尽早办理各类授信，比如房抵贷、信用贷、大额信用卡等。这些提前授信活动平时看似没有用处，但是在现金流紧张时可以不用向身边人借款便能正常获得资金，那时你便会了解到这些行为的必要性。在这里提示一个重点，便是万能账户的贷款。我们前面已经讲过，万能账户是一种非常实用的信贷，平时要注意建立这种资产池，从而在必要的时候可以快速获得大笔资金。

## 6.1.5　"各类资产比重分配"原则

1990 年，诺贝尔经济学奖得主马科维茨在关于投资组合的论文中提出，最简单的投资组合就是股票和债券各买一半。但是这个方案显然不适合我国当下的国情。目前，很多专家也建议大众大幅度降低实物资产，尤其是房产占家庭总资产的比重，进而建议大众提高金融资产所占比重，这主要是受到了西方理财理念的影响。我们要知道，西方的经济模式、经济发展阶段、资产品类发展情况与我国存在本质的不同，所以我们不能生搬硬套西方理财理念，必须要结合我国当前的发展阶段、具体国情，制定符合现状的资产配置方案。经过多年实践和经验总结，我为大家建立了一个新的资产配置模型，具体比例供大家参考，大家可以依据自己的风险偏好、家庭总资产数量、未来收支的预期等进行调整。

这个模型分两个部分，实物资产占总资产的 70%，现金类资产占 30%。再继续细分，房产占总资产的 65%，黄金占 5%，大现金池（如保险的万能账户）占 25%，小现金池（如随时申赎的理财产品）占 5%。比如家庭总资产为 1 000 万元，房产净值（除去房贷等相关贷款）约为 650 万元，按当前的北京市房产均价计算，这一资产大概是北京普通区域标准两居室的水平，考虑到合理的房贷数额，现实房产大概为小三居室。黄金价值按照 50 万元计算，可以理解为 125 克左右的黄金。另外，万能账户里配有 250 万元的资金以备投资，理财产品中有 50 万元可以随时拿出来应急或者周转。这个模型是一个进可攻、退可守的稳定模型，也是比较适合我国国情和理财习惯的模型。如果生搬硬套西方理财理念，将房产换成价值低的偏远地区房产，用现金去买股票、基金，很可能导致之前努力得到的成果付诸东流，理由我们在分析股票和基金时会详细说明，此处不赘述。在这个基本配置下，建议再构建至少 100 万元的贷款授信。比如信用贷，目前利率比较低，很多银行的年化利率在 4% 左右。正常情况下，个人无法在一家银行办理太大金额的贷款，这时我们可以多办理几个银行的信用贷，这样在有需要的时候，可以及时组合起来使用。

如果家庭资产规模偏小，那么房产占比可能稍高，比如占比为 70%~75%，这也是可以接受的状态，但要注意随着总资产的增加，动态调整房产的占比。此外，如果家庭投资的风险偏好比较高，可以适当提高现金类资产的占比，特别是大现金池占比，从 25% 提高到 35%~40% 是可以的，这样的好处在于一旦捕捉到市场投资机遇，我们便有足够的实力抢占先机。反之，如果家庭投资的风险偏好低，想求稳，那么可以适当提高房产占比，降低大资金池占比，这也是不错的选择。

## 6.1.6　"各类资产的动态平衡"原则

我认为，资产的动态平衡是资产配置的灵魂，不过目前市面上常见的理财书大多没有详细讨论这一观点，更多是在分析各类资产，比如基金的购买技巧、股票的操作方法等。这些书没有站在家庭资产配置的视角去俯瞰全局。不谋全局者，不足以谋一域。所以针对这一观点，我们重点讨论怎么在动态中寻找各类资产之间的最佳平衡点。各类资产的动态平衡可以称之为再平衡技术，如何获取这种平衡呢？我们先来看几个故事。

说一个有趣的故事，一位美国二年级小学生利用父母给的零花钱进行投资，他建立了一个十分"懒惰"的投资组合，投资组合仅包括三支基金，他定期进行"再平衡"。结果这位小学生的"懒惰"投资组合已经连续三年打败标准普尔 500 指数，每年大约超越指数 2.7%，这几乎是所有优秀基金经理的梦想。这个小学生也因此成为华尔街的热门人物。

下面我们仔细分析这位小学生的资产配置方法。

这一方法简单但却有大将之风范。这个"懒惰"却有效的投资组合中购买的三支基金都是指数基金，所以小学生所支付的基金管理费非常低，比例大约为 0.2%。同时这三支基金，两支为股票基金，一支为债券基金，也就是股票、债券的投资比例为2：1，这在专业人士眼里属于基础、简单的资产组合。但我们不必担心这位小学生像某些优秀的基金经理那样表现大起大落，因为这位小学生令人惊讶地使用了再平衡技术。

再平衡技术包含不少方法，不过可以简单地分为两种类型：定期再平衡和定额再平衡。

下面我们再分享一个简单有用的"定期再平衡"故事。2004年，我国股市已经连跌了 4 年，股民王先生找到了资产配置专家，并表示"股票是骗人的东西，永远不能碰"。这时专家就和王先生分析，"股市中确实有很多骗人的陷阱，但没有必要因此完全放弃股票，毕竟投资股票还有赚钱的机会，只是老百姓不懂其中的风险才会赔钱"。专家让王先生把准备投资股票的钱按 1：1 的比例分配，分别购买股票资产和债券资产。然后每年年底定期再平衡，即到年底时如果股票价值占总资金的比重超过50%，就卖掉一些股票买入债券，让股票和债券比例恢复到各占50%。反之如果年底时股票占总资金的比例不足 50%，这时便卖出一部分债券买入一些股票，让两者比例恢复到各占总资金的50%。

2005 年，我国股市继续下跌，王先生的股票资产大约损失了

1%，不过债券有所获利，总资产损失非常小，王先生总体比较满意。年底的时候因为股票资产缩水，股票资产占比不足 50%，王先生决定按照专家的指点，卖掉一些债券、债券基金，购买一些股票和股票指数基金，让股票、债券比例恢复到 1 ：1。王先生表示："这个办法非常好，就算股票明年再跌 10%，因为只投了一半钱，实际总资金只亏损 5%，如果债券还能再赚点，亏损连 5% 都不到"。不过这时的王先生对资产配置依然是半信半疑，单纯认为资产配置就是"少输当赢"。

2006 年，中国股市平地出惊雷，这一年竟然上涨了 130%，王先生持有的股票自然大赚。专家反而担心王先生会因为听取了自己的建议，只将资产的 50% 投资到股票上而感觉不满意。结果王先生向专家表示他非常满意，因为据王先生向朋友了解，王先生是朋友里赚钱最多的人，原因正是在经历了股市的跌宕起伏后，很多人没有像王先生那样将 50% 的资金投在股票上。

王先生的朋友中不乏投资高手，年初股市上涨时这些朋友依然怀疑观望，到后来股市大涨后才一点一点地试探性买入，所以这一年没有人赚钱比王先生多。最令王先生得意的是在 2005 年年底股票低价时期，他按照再平衡原则卖出了部分债券，买了不少股票和基金。这让王先生的股票获取了大约 130% 的利益，同时王先生的债券也赚了 10% 左右，总体计算王先生的总资产增长了约 70%。

王先生有些朋友的股票虽然在 2006 年获取了 150% 的利润，但这些朋友持有的股票只占全部资金的 20% 左右。以此计算这些朋友的股票盈利占比仅为 150%×20%=30%，而王先生按照既定资产配置策略轻松获利总资金的约 70%。按照这一数字计算，2006 年年底，王先生的股票资产占总资产比例接近 70%，而债券占比为 30% 左右，王先生继续按照专家的指点，卖出了大量股票，买入了大量债券，让股票、债券比例恢复到 1：1。

2007 年，中国股市继续上涨，涨幅超过 90%，而债券基金平均收益率也超过 10%。王先生这年的总资产平均增长接近 50%。这个数字可能看起来比一些股市投资者赚得少一些，但是王先生的总资产增长了近 50%，仍比绝大多数个人投资者赚得多。这年年底因为股票上涨，王先生的股票资产大约占总资产的 60%，王先生犹豫了很久最终决定按原来的办法进行再平衡，忍痛卖出了不断赚钱的基金和股票，而买入了大量的债券。股票、债券比例再次回到了 1：1。

2008 年，持续上涨的股市开始下跌，其中我国 A 股下跌超过 60%。由于王先生持有的主要是大盘蓝筹股和股票指数基金，所以这年年底王先生的股票亏损也惊人地达到了 60% 左右。不过这时王先生在债券市场却成了赢家。2008 年我国央行连续 5 次降息，还 4 次下调存款准备金率，这些举措刺激债券和债券基金大幅度上涨。当大众和很多机构到 2008 年下半年才普遍意识到债券有机会的时候，王先生因为过去两年一直用巨额的股票盈利买入了大量债券，这时已赚得盆满钵满。

2008 年，王先生持有的债券竟然在全球金融风暴中赚取约 10% 的利润。尽管如此，因为股票亏得太多，王先生的总资产也亏损了约 25%。2008 年年底，在大家都意识到债券基金和债券有风险，很多投资者困惑地表示是不是该退出的时候，王先生继续进行了简单的再平衡。当时，王先生的债券资产占总资金的比重已经达到约 70%，王先生卖出了大量债券，开始买入优质股票和股票指数基金。

2009 年，我国股市全年上涨 80%，王先生的股票收益率大约为 80%，此外债券也是正收益，全年收益率大约 44%。在市场剧烈动荡中，王先生几乎立于不败之地。2009 年年底王先生的资产中股票再次发挥盈利作用。这时很多人认为 2010 年我国一定会加息，债券前景并不良好，股市机会更大。但是王先生坚定地把股票多卖掉一些，买入了大量债券基金、债券，令股票、债券比例再次恢复到 1 ：1。

现在，我们来具体分析王先生五年中的总资金变化，如表 6.1-1 所示。

表 6.1-1 王先生 2005—2009 年各年的总资产收益率

| 时间 | 2005 年 | 2006 年 | 2007 年 | 2008 年 | 2009 年 |
|---|---|---|---|---|---|
| 总资产收益率 | −1% | 70% | 50% | −25% | 44% |

根据表 6.1-1 的数据，王先生这些年的收益到底如何呢？第一年基本没有盈亏，第二年赚了约 70%，第三年赚了约 50%，第四年亏损约 25%，第五年赚了约 44%。根据相关媒体的统计，大多数人兢兢业业进行投资活动，超过 80% 的人最终亏损，而王先生则成了赢家。

资产配置的一个优势便充分凸显，即可以把活动资金利用起来。不过投资最大的问题是虽然投资可能赚钱，不过大多数人只会用少量资金尝试，赚到的钱相对总资产而言比重较小。

再平衡技术能够将这种动态资产配置变得更加有效，我认为有三个主要原因。

一是长期看，人们在股票市场中能够赚到的钱，是由上市公司的利润提供的，研究和交易股票并不会创造额外的收益。有时候股市上涨创造的账面财富远远高于上市公司实际可以提供的利润，这时的账面盈利是"假钱""泡沫"，而再平衡技术就是用一个简单的方式，定期把这种"假钱"从股市支取出来变为真实利益，所以再平衡技术有提高收益率的作用。

二是依据均值回归效应，定期卖掉一些表现良好的资产，之后买入一些表现不好的资产，如果随后发生均值回归，即那些表现好的资产最终表现回落到平均水平，而表现不好的资产升高到平均水平，则可以令投资组合整体表现处于稳定状态。

三是市场广告宣传及一些消息，都会导致大众普遍"追涨杀跌"。再平衡技术则强调适当的"追跌杀涨",毕竟站在长期角度看,赚钱的正是适当"追跌杀涨"的少数人。

第二种再平衡技术是定额再平衡,这种方式是设定一个进行再平衡的固定比例。以王先生为例,当王先生的股票或债券资产达到总资产的 55% 的时候,不管是否到了年底都要进行再平衡,令股票、债券比例恢复到 1 ∶ 1。

没有证据表明使用哪种再平衡技术长期的业绩会更好,不过我认为两者相差不大,都可以选择。

上面分析的案例属于股债再平衡,实际上还存在很多种再平衡组合,比如房产与现金类资产的再平衡,黄金与现金类资产的再平衡,房产与黄金的再平衡等,原理基本相似。

再平衡技术不仅可以降低总资产大起大落的概率,关键是它可以创造更高的收益。比如,我们强制在股市持续大涨的时候把股票卖出,这种行为属于逆向交易,将股市中的"假钱"取出来变成了现金,到市场冷却下来后用现金再购买更多的股票。当然,在楼市、黄金市场中也遵循同样的道理。

## 6.2　现金类资产

现金类资产不是狭义上的现金，而是现钞、活期存款等各类现金流资产的概括，当然其中也包括货币类基金，甚至债券基金等一切可以随时变成现金的资产，这些统称为现金类资产。

现金类资产是资产配置的重要组成部分，没有足够的现金类资产的配置是不合理的资产配置。那么，现金类资产具体应该配置多少？怎么配置？怎么使用呢？下面我们来详细分析。

### 6.2.1　现金类资产的配置

在整个家庭资产配置中，现金类资产应该占有足够的份额，那么，占比多少比较合适呢？我认为应该占总资产 20%~50% 的比重，具体占比依据当时社会经济情况和家庭具体情况来决定。

首先，我们先看社会经济情况，如果经济过热，股市、楼市疯涨，大众纷纷加大投资，这时候要逐步增加现金类资产的比重，建议增加到 40%~50%。反之，如果经济过冷，股市、楼市无人投资，大家担心失业、投资亏损，这时候要减少现金类资产的比重，大胆把钱投出去。要记住，纸币只是兑换工具，兑换什么呢？兑换对大众生活有用的东西，纸币的购买力才是我们关注的焦点，而绝对不是纸币的数量。市场经济低迷时投资环境也比较恶劣，投资容易亏损，但这时可以在市场低点投资更多优质资产。一旦经济形势反转，低价投资的优质资产的价格就会迅速反弹，换言之纸币会实现增值。

其次，我们配置现金类资产的时候还要结合家庭所处的人生阶段和当下具体的情况。理财的人生阶段大致分为春、夏、秋、冬四季。春季是 6~25 岁，夏季是 26~40 岁，秋季是 41~60 岁，冬季对应 61~80 岁。

春季是播种的季节，从上学开始便进入播种阶段，因为求学经历会影响一个人未来到好公司、优质平台的概率，学业成就高，这类概率便会增大，收入自然会相对多。工作初期也属于春季。注意，不要因为懒惰耽误了春耕，也不要因为眼前的小利益把种子吃掉。春季我们首先要注重积累，通过工作把小财富汇聚成大财富；其次要注重播种，通过投资把小财富培养成大财富。

夏季要注重财富的快速增长，要敢于投资，要敢于投入更多资金。形成大财富后继续投资，之后获取更大的财富，再投资，再获取，实现这种良性循环是夏季的主要任务。

秋季要注重收获，把已经成规模的资产管理好。首先不要冒险，避免理财上的重大损失，其次要更合理地配置资产，要逐步增加低风险资产的占比，要逐步增加现金类资产的占比。这样当家庭遇到突发状况，临时需要较大资金时，不会对整个家庭的资产造成冲击，影响生活质量。此外，还要注重现金流，因为这个阶段正是上有老、下有小的人生阶段，现金流不足会明显降低生活质量，也使得之前的春耕夏耘的努力大打折扣。

秋季同时要注重收藏，要避免任何损失大钱的可能，尽量保守，资产应该基本集中到低风险领域，保证本金尽量不受损失，收益率高不再是追逐的主要目标。如果有兴趣，可以配置小部分资金到高风险领域，这属于娱乐活动。主力资金一定要放在稳健的区域，这是这一时期的根本原则。

冬季要闭藏，不要将资金放到高风险领域。同时要做好两个安排。一是安排好晚年生活的必备资金。注意，这个资金最好有稳定的现金流，而不是一次性准备多少资金。因为人的寿命不好预测，未来大众平均寿命可能为 90 多岁，所以我们要避免"人还在，钱没了"的状况出现。二是做好遗产传承的具体安排。关于遗产理财规划及安排，我们会单独详细讲，这里就不赘述了。

## 6.2.2 现金类资产的使用

现金类资产的使用是资产配置的关键。现金类资产的收益率不是我们关注的重点，我们可以把这个收益率抽象到近乎 0 来理解。那么，为什么要配置大量的现金类资产，它对总资产的贡献在哪里呢？

现金类资产的能量在于经济寒冬时期可用于买到更多的实物资产及金融资产，这就是现金类资产存在的最大意义。好比我们进行股市操作，不能永远处于满仓状态，长期满仓会导致机遇来临时，我们没有足够的资金去把握机遇。这个道理同样适用于我们的家庭总资产配置，只有平时维持相当数量的现金类资产，才有可能在机会来临的时候去买入更优质、更多数量的实物资产及金融资产。比如 2009 年全球经济危机，当时股票、房产价格普遍较低，市场中出现大量打折货，如果现金类资产充足，便可以淘金，在经济危机过去后各类资产价格猛涨，这时将赚得盆满钵满。这就是现金类资产对总资产、对资产配置的最大意义。

## 6.2.3　现金类资产具体配置方式

现金类资产不在乎收益率，主要是保持灵活、随时可以取用。我建议将现金类资产放在可以在短期内取出的账户中，比如一周内可以取出的账户中。事实上，将钱放在零钱宝和放在一些基金、理财产品里没有太大区别，不要在乎这些产品微小的收益率。这时有人会反驳，少量资金当然可以不在乎收益率，但是几百万元甚至上千万元的现金类资产必须要考虑收益率。但是我们别忘记现金类资产的主要作用。几百万元、上千万元的现金类资产对应的是几千万元、上亿元的总资产规模，这个资产规模下，如果现金类资产可以在需要的时候迅速拿出来，购买便宜的房产、股票、基金、黄金等，就可能获取几百万元、上千万元的利益，相比之下那几万元的收益还重要吗？如果在相同提取周期的产品中选择，我们当然要选收益率高的产品。我提出不在乎收益率的观点是从战略角度分析的，资产配置要有大将风度，才能在大战役中占得大便宜，而不是在某个具体战斗中取得小收益。

## 6.2.4　现金类资产管理实战之日常资金管理

那么，我们具体应该如何配置现金类资产呢？我认为家庭现金类资产主要可放在两个资金池中。一个是放置在家庭日常周转资金、应急储备资金的资金池，另一个是放置在大额资金用作投资的资金池，从规模角度分析后者的收益率往往大于前者。下面我们分别具体展开分析。

第一个资金池一般指低风险理财产品，用于放置家庭日常周转资金和应急储备资金。这个资金池最主要的原则是随时能用。不要在乎收益率，因为放置的资金少，收益率的差别对总资产的影响可以忽略不计。我们的精力是有限的，分配精力时要抓大放小。那么，这个资金池放多少钱合适呢？我认为日常周转资金一般应该是家庭月收入的 2 倍，比如家庭月收入 3 万元，那么日常周转资金有 5 万 ~6 万元比较合适，这个资金主要就是日常使用，有多余的应该放到其他资金池中。

应急储备资金应该是家庭月收入的 6 倍。比如家庭月收入 3 万元，那么应急储备资金至少得 18 万元，如果条件允许，将其设置为家庭月收入的 12 倍也是不错的选择。这是以防失业给我们的生活带来巨大冲击，还可以防止家里出现一些意外情况。比如家人生病住院，需要短时间内支付大笔医药费，或者遭遇其他意外损失，损失数额较大，这时候就可以使用家庭应急储备资金进行处理，待恢复后再逐步把应急储备资金重新补足。

## 6.2.5　现金类资产管理实战之大额资金管理

大额资金池则用于储备投资用的大额资金，这个资金主要有两个用途。一是用于转化为实物资产，即在实物资产价值明显被低估时，购入实物资产，等其价格上来后再卖出，变回投资资金；二是用于生息，拿利息及一小部分本金贴补家用，这适用于家庭收入小于支出的时期。

那么这个大额资金池是什么产品呢？这里就要介绍万能账户。

这个万能账户具体是什么呢？实质上它也是个保险产品，只不过是理财类的，不是保障类的。它提供的是一个以保值增值为目的的资金账户。这个账户一般归属于年金险或者其他保险的理财账户。这个账户类似于余额宝账户，年金险的返还金、追加的保费都可以存在里面，资金流入后，扣掉部分初始费用，可以享受到保底利率以上的浮动收益。这个收益，可以理解为将资金交由保险公司打理，保险公司将资金拿去做投资的所得。这个资金池的好处有两个。一是保本，即本金不会亏损，这和股票、基金等有本质区别，因为这个资金池中的资金较大，对家庭更加重要。二是一般万能账户的保底利率不会太低，目前常见的有2%、2.5%、3% 等。保底利率自然越高越好，因为保底利率是保险公司必须兑现的。

那么，既然万能账户这么重要，承载家庭现金类资产的大头，应该怎么选择具体的产品呢？我认为主要考虑以下几点。

一是保底利率，最好为 3%，因为长期看来，无风险收益率不断走低是大势所趋，现行的收益率不断下降的概率较高，那么降到一定程度，会不会出现固定利率情况？我认为在 3% 进行保底是一个不错的选择，虽然这一数字目前不起眼，但在十几年、二十几年后可以因此取得十分可观的收益。

二是要看资金池的大小。有些万能账户有封顶限制，比如保险公司会要求这一资金池数额的上限是主险保额的多少倍，或者设定一个固定值等。我建议选购没有上限的万能账户比较好，未来通货膨胀的情况不可预测，当下的一个定数可能在未来并没有太大意义。比如目前 500 万元或者 1 000 万元是一笔可观的财富，但是未来可能 1 000 万元会十分常见，这也是我们需要考虑的重点。

三是要看取款限制。目前很多万能账户取款不是随意的，比如每年只能取账户总额的 20%，未来银保监会也会对此严格要求，预计全额随意取出会有诸多限制，所以我们要仔细阅读合同，明确合同是否有取款限制，取款是否要经过保险公司审批等。要知道，这个资金池存放的大额资金是用于投资的，一旦投资机遇出现，需要短时间内使用其中大部分资金甚至全部资金，如果机遇到来，但是因为账户取款限制而无法及时提现，会为我们带来极大困扰。

四是要关注存取款手续费。目前，很多万能账户为了避免资金频繁进出，规定资金存入账户要收取 1% 的手续费。取款规则一般为账户建立后 5 年内收手续费，之后不再收取。5 年内的费率也不一样。有些公司 5 年内每年需要支付相同的手续费，比如每年按照 2% 收取；有些公司则是每年递减，比如前 5 年分别按 5%、4%、3%、2%、1% 收取；有些公司是逐步减少，比如前 5 年分别按 4%、3%、2%、2%、2% 收取。手续费虽然越少越好，但也要结合其他要素共同考虑。

五是看保单贷款的便利性。保单贷款对万能账户是非常重要的，虽然其他类型的保单也可以进行保单贷款，但基本上都没有万能账户的贷款意义大。因为这个账户的资金属于大额资金，主要用于投资，方便贷款意味着可以轻松地拿出大额资金用于投资，这非常有意义。而且我一直认为万能账户贷款存在一个漏洞。这一漏洞对用户非常划算，万能账户一般可以贷出整个保单80% 数额的资金，但在贷出了 80% 数额的资金后，在计算保单收益时，仍然按照保单数额计算。

下面我们具体举个例子说明，比如你的保单额为 100 万元，贷款取出 80 万元，剩余 20 万元。如保单当下年化利率为 5%，那么一年后保单收益不是用 20 万元去乘以 5%，而是用 100 万元去乘以 5%，收益为 5 万元。而目前保单贷款的利率一般在 5% 左右，这就代表你把保单的钱贷走 80% 后，一年支付给保险公司的利息为 80×5%=4（万元），对比计算你一年之后还赚了 1 万元。

# 6.3　股票、基金

相信很多人会感觉，我们分析了这么多为何没有分析大众十分关注的股票和基金。这主要因为我认为，股票、基金并不适合国内普通人用于放置家庭配置中的大额资金，不适合作为现金类资产的大额资金池使用。下面，我便重点分析为什么股票和基金不适合普通人投资、存放大额资金。

## 6.3.1　为什么股市不要放太多资金

股市里流传着这样一句话：七赔二平一赚。但实际在股市里，能赚钱的个人投资者可能不会超过 5%。个人投资者炒股很难成功的原因主要有以下几点，如图 6.3-1 所示。

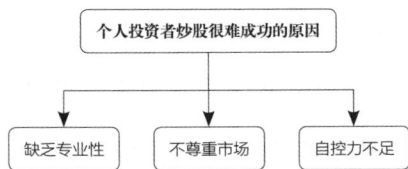

图 6.3-1　个人投资者炒股很难成功的原因

（1）缺乏专业性。机构有足够的基础知识和技术知识，但大多数个人投资者的知识体系不完整。

（2）不尊重市场。大多数个人投资者只想以最低的价格买进，以最高的价格卖出，但结果往往是被市场击败。

（3）自控力不足。大多数个人投资者在购买股票时缺乏耐心。在市场稍有好转时，就迫不及待地买进；当市场不利时，却盲目地执行指令，没有决心止损。

相信这时有人依然存在侥幸心理，认为还有 5% 的人可以在股票市场赚钱，自己或许可以成为这 5% 中的一员。的确，我相信存在这个可能，但是我们要清楚这 5% 的人只是赚了钱，不代表收益率非常高，赚 1%~2% 也可以称为赚钱。我们前面提到的万能账户保底利率还能达到 3%，而且这 3% 是无风险的 3%。股票里的收益保底吗？谁能够保证本金不赔？即便你属于这 5%，赚的数额和万能账户相似，甚至还不如万能账户，那么劳心费力、担着赔本金的风险进行炒股又有什么意义呢？最关键的一点，如果你的本金无法保证不亏损，你敢不敢放入大额资金？如果你不放入大额资金，即便股市里年化收益率达到了 20%、30% 甚至 100%，对总资产的影响又有多大？

即便有人说敢放大额资金到股市里，理财理念是赚就赚大的。我们先不考虑能不能赚大的，先分析如果赔了怎么办。你怎么能确定百分之百赚钱？一旦股价下跌你的总资产马上会随之大幅度缩水，房价跌了房子还能居住，还可以出租，股价跌了还有什么呢？股息？真正指着股息赚钱的是极少数人，在普通人当中这类人所占比例极低，大部分人炒股还是希望通过股票涨价后赚差价。所以，同样是价格大幅度下跌，一般来说，拥有房产比拥有股权更踏实。这也是过去很多人赚取高额财富的原因。他们没有在房价大跌后就立即卖出房子，而选择了继续持有，到了房产市场蓬勃发展时，一次性将更多利益赚到手。而股票因为买入与卖出非常方便，很多人往往是追涨杀跌，频繁交易。

## 6.3.2　请深入了解价值投资

也有人认为，追涨杀跌的大多是入门级股民，经验丰富的股民大多进行价值投资。提及价值投资，我们不得不提到价值投资家本杰明·格雷厄姆。1976 年，格雷厄姆去世前不久，在接受记者采访时发表了对价值投资的最后判断："我不再提倡通过证券分析技术来寻找优越的价值投资。"尽管这一观点发表在 40 多年前，但这是对投资股市非常有益的指引。

不过今天的市场形势已经同以往大不相同。曾经一个拥有良好教育背景的证券分析师可以通过详细的研究，轻而易举地找到被市场低估的股票，目前仍然有不计其数的人在做着相同的事情，但如今他们能否让自己的努力不至于付诸东流，能否找到真正的超额回报，以弥补与日俱增的成本，我对此持怀疑态度。

价值投资的出现有其深刻的历史背景。1929 年大股灾后，人们认识到股市风险巨大，很多人因此倾家荡产。格雷厄姆的《证券分析》引导人们理性投资，强调投资就是先要保证本金的安全，这正好迎合了当时人们安全第一的心理。然而很多读者当时并没有注意到，这本书的作者在这场股灾中差点破产，并且信任他的投资者也都赔了钱。价值投资确实可以引导大家理性投资，但是想凭借所谓的价值投资就获得超过市场平均的收益非常困难，这一直是学术界的主流观点。

### 6.3.3 长期投资就能获得丰厚的回报吗

现在还有一种主流说法，就是在股市中坚持长期投资才能赚大钱，或者说赚大钱的概率很大。有这样一个故事，一位普通美国老妇人一生从事普通工作，终身未婚，生活节俭，去世时把遗产捐给母校，遗产竟然高达 700 万美元。后来律师透露，老妇人的巨额财产源自 1935 年以 180 美元购买的股票，此后 70 多年，她一直没卖出该股票，从而获得了惊人的收益。此外，人们常说巴菲特就是坚持长期投资才获得了成功。不过我们要清楚，巴菲特不是坚持不换股，而且按照美国的税法，换股成本非常高，巴菲特的年收益率大约 22%，假设巴菲特在一年内将可观的收益卖出，最高达到 35% 的联邦所得税会让他的收益和普通股民持平。

"长期看，股市总是上涨的。"这是坚持股票长期投资就能赚大钱理念的底层逻辑。问题是这个底层逻辑本身是错误的。"长期"是多长时间呢？日本股市从 1990 年股灾到 2010 年，过去 20 年，2010 年的股票指数还不到 1990 年的三分之一，人们如果这 20 年坚持投资股票，那么不但无法赚钱，本金几乎都会赔光。这样的例子在各国股市中十分常见。

## 6.3.4　怎么对待开放式基金

股市难以存放大额资金，那么基金呢？很多人表示自己看不懂股市，但是股市有赚钱机遇，自己看不懂不要紧，专业人士看得懂，可以请他们帮自己赚钱，主要方式就是买基金。那么我可以告诉你，基金也不是赚大钱的工具，不适合放置大额资金。

我们先了解一下基金诞生的历史。历史上一次巨大的股市泡沫——英国南海泡沫破裂后，很多英国人都赔了不少钱。英国后来颁布了《泡沫法案》，想杜绝股票欺诈。不过 1825 年后，修建铁路的热潮在英国蔓延，人们都想利用这个赚大钱，于是英国王室取消了《泡沫法案》，结果又开始出现各种违规操作，如涂改账目、关联交易等，最终导致铁路股票价格暴跌，老百姓损失惨重，追悔莫及。

于是大众开始抱怨政府，人们开始想到委托专业机构管理投资以防止受骗。政府随之带头组织投资公司，委托具有专业知识的理财人士代为投资，这就是现代基金的雏形。

1921 年基金传到了美国，他们照搬了英国模式，采用封闭式基金，结果到 1929 年遇到全球股灾，股市大跌 4 年之久，封闭式基金净值下跌 72%。而老百姓因为无权赎回封闭式基金，只能眼看着自己的投资变为白纸。从此，封闭式基金逐渐退出市场。

1924 年出现的开放式基金受到了人们的重视。当时世界霸主地位正从英国转移到美国，骄傲的美国人终于在这场股灾中明白，美国的股票也不是永远上涨的，一次股灾可能吞噬十几年甚至几十年的盈利，并且几十年都不得翻身。可以说，开放式基金能延续到今天，正是因为它能让投资人及时赎回账户中的投资，也就是说可以及时"逃跑"，而不是因为持有它可以多赚钱。

### 6.3.5　基金里隐秘的骗局

在这里我还要分享一个关键点，这就是基金还有一个隐秘的骗局。先分享一个巴菲特讲过的故事。

故事的名字叫作"大富豪洛克家族的投资之谜"。美国历史上有个超级富豪家族叫作洛克家族，家族富可敌国，拥有美国所有上市公司 100% 的股票，靠着股票的增值和股息，家族成员一直过着富裕的生活。有一天，几个衣着考究、谈吐不凡的投资专家来拜访洛克家族的一些成员。投资专家开始游说家族中一些"聪明而灵活"的成员，告诉他们只要他们听从专家的建议，就可以比其他成员多得到钱。一些人听从了专家的建议卖出一些股票给家族其他成员，同时从其他成员那边买回来一些专家认为的好股票。还有一些家族成员则把自己所有的钱和股票都委托给专家来投资，作为报酬，会给专家一些佣金、管理费。按照专家所说的，相比能得到更多的收益，这些佣金和管理费应该只是微不足道的小钱。

　　然而让洛克家族惊诧的是，在专家的参与下，整个家族的财富整体增值速度开始放慢了，原因是原来全美所有上市公司的利润全部属于洛克家族，但现在却需要从蛋糕中切一小块来支付佣金，洛克家族能享受到的美国股市利润份额开始下降。年复一年，洛克家族的蛋糕每年都比前一年少一块，家族财富增长越来越慢，后来有的成员反应过来说：以前我们享受到 100% 的利润和股息，但在专家的管理下，我们反而只能得到部分收益了。从此洛克家族决定不再支付佣金，结果洛克家族的整体财富又开始快速增长了。

　　这个故事告诉我们基金经理是在切你的蛋糕，而不是帮你做大蛋糕。我们需要明白，蛋糕的做大不是源于基金操作，而是基金背后上市公司的发展壮大。

　　上述这个例子很多人认为虽然道理正确，但是太极端。那我再分享一个接近现实的故事来了解基金的骗局到底在哪里。

　　这个故事叫作"假如巴菲特为你服务"。我们都知道巴菲特是世界顶尖的投资高手，巴菲特 35 岁时买入伯克希尔－哈撒韦公司的股权，将其带入资产增长的快车道，42 年后，巴菲特在 77 岁成为世界首富时，个人资产为 620 亿美元。那么如果让巴菲特替你投资，然后巴菲特像基金公司一样向你收取"微薄而正当"的管理费，结果会怎么样呢？我们分几种情况分析。按照国外私募基金的收费标准，巴菲特至少按每年总资产的 2% 收取管理费，并按照盈利的 20% 获得提成。似乎 2% 的管理费和 20% 的盈利提成微不足道，毕竟你拿了大部分利润，巴菲特拿了小部分利润。但结果让人大跌眼镜，如果按照上述规则，你作为风险承担者和出资人，还是按照上面巴菲特 42 年投资中赚得的 620 亿美元计算，你仅仅能分到 620 亿美元中的 50 亿美元，你的投资管理人巴菲特可以得到 570 亿美元。注意，这是按照基金管理规则计算出来的。

那么如果给你管理资产的不是巴菲特，而是一般的基金经理，他的能力可以让基金每年大约获得 10% 的收益，跟美国标普指数基金一样，那么总财富无法达到 620 亿美元，缩水为 9.3 亿美元，你作为出资人和风险承担者只能分到 1.7 亿美元，基金经理能分到 7.6 亿美元。此时我们再进行一个极端的假设，如果帮你管理资产的人实际水平比较低，40 多年平均每年也就收益 5%，那么你只能分到 0.32 亿美元，而他本人则能分到 0.82 亿美元。

富兰克林临终时定下遗嘱不允许任何人收费管理他的遗产，由此可以看出富兰克林有多么睿智。

下面我们再对比上述各位基金经理的资产管理水平，如表 6.3-1 所示。

表 6.3-1　各类型基金经理的资产管理水平

（单位：亿美元）

| 基金经理 | 总资产 | 你分得的部分 | 基金经理分得的部分 |
|---|---|---|---|
| 巴菲特 | 620 | 50 | 570 |
| 一般的基金经理 | 9.3 | 1.7 | 7.6 |
| 实际水平低的基金经理 | 1.14 | 0.32 | 0.82 |

现在大家应该都可以明白，投资者往往觉得坚持长期投资靠谱，但是在现行的收费制度下，随着时间推移，投资者个人财产中属于投资管理人的比重会越来越大，时间足够长的话，理论上投资管理人可能分得接近投资者全部财产的资产，这是投资界隐秘的骗局。

很多基金投资者往往只关注收益率，但是我们应该理性地看清，在投资中利润和成本同样重要，而且不管购买哪个基金公司的产品，收益都是不确定的，只有成本确定。基金经理总宣传复利的诱惑，别忘了，他宣传的收益不一定能复利滚存，但理财成本，也就是支付给他的管理费会复利滚存。

事实上，这个隐秘的骗局最开始是美国人设计出来的。早期美国人购买基金的时候需要交 8% 的手续费（相当于我国的申购费），但是很快这个骗局就被识破了，因为很多时候基金的盈利还不足以弥补手续费。后来美国发明了一种名为"12B-1"的基金服务，每年收客户总资产 2% 的费用，这个费用在我国叫管理费。注意，这个 2% 不是利润的 2%，而是全部本金的 2%。无论基金产品是赚还是赔，都要交给基金公司全部本金的 2%，这还不包括需要支付基金公司的 1% 的交易佣金和印花税。所以考虑上述成本，如果市场 5 年内不出现牛市也不出现熊市，客户会损失 15% 以上的本金。

所以我们要明白，基金公司公布的业绩和投资者实际获得的利润是两种概念，两者可能相差无数倍。所以千万不要轻信某些基金公司宣传的年化收益率 50%，之前若干年复合年化收益率 10% 以上。其实如果你真金白银地投进去，你很可能发现，真实年化收益率可能只有 3%~5%。巴菲特一直认为基金的收费过高，损害了投资者的权益，他把基金经理叫作"2 和 20 那群人"，就是说他们每年向投资者收取本金的 2% 和利润的 20%。很多投资者不明白的是，长期投资基金，就意味着将个人绝大部分财富交给了基金公司。

### 6.3.6 均值回归规律及其应用

除了基金里隐秘的骗局外，我再给大家介绍一个名为"均值回归"的规律。均值回归是金融里的一个重要概念，一般指股票价格、房产价格等社会现象，自然现象（气温、降水），无论高于或低于价值中枢（或均值），都会以很高的概率向价值中枢回归的趋势。这个理念最初由英国生物学家高尔顿在实验中发现，他发现人类的身高有这样的规律：父亲非常高，儿子身高就要矮一些；而父亲非常矮，儿子身高就会高一些。似乎生物界有种隐秘的力量，使得人类的身高从高和矮两极向所有人的平均值靠近。这就是均值回归最初的定义。

我们进行投资也一样，据统计，之前被评为高级别的基金，其后两年的业绩往往处于中下游水平，别说继续处于第一梯队了，维持在中间水平都很难，这代表如果盲目相信明星基金或者明星基金管理团队，这些之前优秀的基金能比平均值好一点的概率不到三分之一（该数据经过多年比较五星基金所得），比人们抛硬币猜测正反面的概率还要低。

说到这里我们应该明白，成功的股市投资对个人投资者来说非常难实现，实现长期跑赢市场的收益率更难。靠基金赚股市的钱也是不可取的，因为这很可能导致投资者把自己的钱逐渐转到基金公司中。这就是我为普通家庭设计的现金类资产的资金池没有考虑股票和基金的原因。当然，如果你已经迈入了财富自由的门槛，少量配置一些股票或者管理费极低的股指基金是可取的，但是要注意这些只能是额外动作，大额资金池的核心必须是稳健的标的。而做这些额外动作一是为了博取高收益的可能，二是为了为投资添加乐趣，并不是为了用它来赚取大额财富。

# 6.4　黄金

黄金是我阅读的上百本投资理财类书中观点分歧最大的一项资产。甚至有些专家称黄金不能称为资产，因为它本身不生息也没有任何价值。巴菲特就认为黄金是经典的泡沫，因为他觉得全世界所有已开采的黄金堆起来也就是一个不算太大的金属块。

## 6.4.1　对黄金的理解

按照当下的金价，这个金属块可以换来美国全部的耕地加上10 个美孚公司，再加上 1 万亿美元的现金。那么你觉得哪个更有价值呢？你愿意选择哪个呢？但是这种分析观点事实上有严重缺陷，因为任何人都无法把世界上全部的黄金拿出来卖。就好像有些人说将北京二环内住宅全部卖出，就可以买下某个欧洲国家，但问题是北京二环内住宅怎么会全部卖出，别说全部卖出了，一年又能卖出多少呢？大多数房产已经处于稳定状态了。

目前，全球大部分黄金主要用于制作首饰和工业，而各国政府和投资机构控制的黄金并不多。

## 6.4.2　为什么要配置黄金

那么，我们到底为什么要在家庭资产池中配置黄金呢？

首先，黄金作为稀缺的实物资产，可保值增值。从各个国家的历史中可以看出，除去短期增长情况，纸币整体是趋于不断贬值的。那么实物资产以纸币计价，必然倾向于不断增值。

其次，现阶段购买黄金存在价格突升的机遇。相对于过去的几十年，黄金市场的买方和卖方正在发生着变化，比如黄金市场的主力——各国政府、央行正在从黄金的净卖出方变成净买入方。

再次，以美元计价的黄金存在未来随美元不断贬值而计价升高的可能。二十世纪四十年代以来从美国一家独大变成了美欧日三足鼎立，再到人民币国际化后新力量的崛起，美元地位的下降、美元指数的不断走弱会带动以美元计价的黄金价格走强。实际上从 1913 年美联储成立以来，美元已经相对于黄金贬值了96%。

另外，为了应对极端情况的发生，把黄金看作家庭的最后保障也是可以的。

## 6.4.3　怎么配置黄金

那么，我们应该配置多少黄金，具体如何配置呢？我们来具体分析一下。

黄金占家庭资产的比例，国际公认的数值是 2%~10%，投资专家建议家庭配置黄金的比例为 5%~10%。资产在千万元人民币以上的家庭建议在 2%~5%；资产在千万元人民币以下的可以在 5%~10%。这时可能有人会问：上面讲述了黄金的诸多优势，为什么不能多配置一些，如 20%~30%？这里要特别注意两点：一是黄金作为生息资产还处在起步阶段，目前还不成熟，故黄金不能作为生息资产来计算；二是从历史上用黄金对抗通货膨胀的情况来看，其远不如房产靠谱。所以我们在实物资产配置这块还是要以房产为主，黄金为辅。

家庭配置黄金时具体买什么呢？实物黄金还是纸黄金？这也是很多专家意见不统一的焦点问题。我个人建议大家购买熊猫金币。为什么呢？

首先，熊猫金币相对于其他实物黄金，比如金条、金砖等还有收藏价值，发行量有限而且属于世界五大投资金币之一，其价格除了随金价上升外，也会因为收藏价值而上升。比如 2008 年如果买了一套熊猫金币，当时发行价格为九千多元，目前，该套币的价格为 3 万元以上，如果购买的是 20 世纪 80 年代的老版熊猫金币，价值更是增长了多倍。

其次，熊猫金币回购通路较好，目前很多银行和知名理财公司都有黄金回购业务，在这些机构购买的熊猫金币，随时可以再卖回，当然，要支付一定的手续费，但这样不用担心二手市场中存在的一些风险因素。

最后，很多银行开展了网上积存熊猫金币的业务，购买起来非常方便，我们足不出户，平时在手机上就可以买。很多人以为购买一块一盎司的熊猫金币需要一次性支付 1 万元，事实上现在银行推出了按克购买的业务，我们可以 1 克 1 克地购买，凑够31.31 克后，再到银行兑换成一块熊猫金币，非常方便。对于预算不太高的朋友，完全可以每月买 3 克，一年时间也可以积攒一块闪闪发亮的熊猫金币。

## 6.5　房产类资产

### 6.5.1　如何理解房子

说到房产投资，我们先讲个故事。从前，王家村有个王先生，他非常能干，每年收的粮食总比别人多，但是后来他发现剩余粮食的储存是个大问题，因为粮食容易腐烂，很多粮食因储存不当第二年就变质了。后来，他想到一个主意，每当粮食富余比较多的时候就把多余的粮食换成白酒和腊肉。因为白酒和腊肉比较容易储存，到了第二年收成不好的时候，王先生还能喝酒吃肉，就更有力气干活了，来年收成就又比别人好。此外，白酒和腊肉还可以拿来跟别人交换其他食物或者日用品，王先生的生活也比别人更滋润。

房产就像这个故事中的白酒和腊肉，不会轻易地腐烂变质，能够起到财富积累的作用，类似一般等价物可用于交换。其实房产相对于现金，不就像白酒相对于粮食吗？现金随着时间会贬值，粮食随着时间会腐烂。但如果我们通过房产固化了多余的现金，就像王先生通过白酒和腊肉固化了多余的粮食一样，可以将收获的果实保持较长的时间。

### 1. 房产的价值

从古至今，房产一直是中国人储存财富的重要工具。改革开放后，房地产行业先在我国南方个别城市进行试点，这一行业迅速成了我国经济发展的重要试验田。但是对于老百姓而言，真正意义上的房地产发展元年应该是 1998 年。那一年，我国经济正处于高速增长的瓶颈期，住房商品化的历史大幕就是在那时拉开的。

最初，绝大多数人并没有认识到房产的价值。大多数人只是把房子当成消费品。一方面，大多数本地人认为有地方住则没必要买，因为房产属于高额投资品。另一方面，大多数外地人因收入低、购买力不足等问题，也放弃了购买房产，更多人选择在大城市赚钱，然后回到家乡购买低价房产。虽然当时也有些人拥有房产购买力，但也很少买房。

这种情况一直持续到了 2004 年左右，从 2004 年开始，越来越多的人接受了商品房，很多人为了结婚后能够拥有单独的生活空间开始选择购买房产。因为那时我国大部分地区已经取消了分房福利，购买商品房就成了唯一途径。另外，一部分本地人购买力提升后，也愿意置换新房，以此提升自己的生活条件和生活品质，毕竟自己住的房子已经有几十年房龄了。同样，因为经济形势不断趋好，一些高收入外地人也有了购买力。这些因素叠加在一起，供需发生了变化，新房价格被逐步推高。

更多人逐渐明白，房子不仅是用来居住的，还可以储存财富。

### 2. 为什么要买房

大家可以思考一下为什么要购买房产。为了居住？为了结婚生子？其实我在前面已经讲过，房子的作用主要是财富的储存手段，这才是大家买房的主要目的。对于老百姓而言，房子主要有两个作用，一是居住，二是储存财富。那么，我们不买房行不行？不买房会不会居无定所？可以不买房，不买房也不会居无定所。因为我们可以跟父母住、租房、住酒店等。但是，为什么当代无数年轻人花费大多数精力、财力进行购房呢？无非两大原因，一是为了居住感受，二是为了储存财富。这正体现了房子的两大作用。

下面我们详细分析一下为什么要买房。

首先是居住感受的差异。几十年前，子女和父母，甚至祖孙三代常常住在一个屋檐下，后来随着商品房的发展和经济的发展，大家开始追求私人生活空间，家庭房产裂变越来越快。因为生活理念不一样，年轻人习惯晚睡，老年人怕打扰；年轻人作息随意，老年人生活规律等这些因素导致越来越多的年轻人希望单独生活。如今很多年轻人不会等结婚后才搬离父母家，而是在结婚前，自己单身时也希望拥有一个私人空间，哪怕房子小点、地处偏僻点，也不愿意跟父母住在一起。

租房是不是也能解决单独居住的问题？当然可以，但是居住体验和生活品质完全不同。有很多刚刚步入大城市或者刚刚从校园里走出来的年轻人会优先选择租房，但很多人拥有不愉快的租房经历。有人在租期未到时就被房东无理驱赶，还有人被二手房东临时加价，也有人租房押金无法要回。更主要的是在租房期间很难按照自己的意愿添置家具，进行房屋装修。

目前，大多数租房者都是选择了对生活的一时妥协，这种状态下生活品质很难保证。现在有些年轻人又有了新想法——住酒店。他们主动和酒店商议，长租一两年甚至更长时间，酒店为了降低空置率也愿意长租。这样年轻人就不用担心突然被房东赶走，房间还有人打扫。但是这样就没有问题吗？先不思考酒店房间的面积问题和居住体验问题，目前大多数酒店装修都是一个风格，年轻人很难按照自己的想法进行房屋装饰，更主要的是酒店房间一般不能正常做饭，而长期吃外卖对身体非常不好，所以这种策略在年轻时还可以短期尝试，但很难一生保持这一状态。

从居住的角度分析，在当今的城市中，和父母住、租房住、住酒店等都不是长期可行的方案，买房置业才是大多数人选择的生活方式。

其次，我们从房子的金融属性角度分析一下为什么要买房。

从商品房出现的那天起，市场中就出现了一个争论，争议点主要在于是租房，还是买房后还房贷。很多人认为租房不划算，租金交给房东就与自己无关了，而买房后虽然还房贷压力较大，但是房子是自己的。所以，大家都偏向于买房，只不过刚毕业的很多年轻人暂时买不起房，才通过租房积攒资金，等凑够首付再买房。其实，买房租房的争论焦点主要是资金问题。租房是花钱消费，买房更多地被视为投资置业。因为这二十年来，房子价格不断攀高，生活中已经出现"今年不买房，一年又白忙"的购房观点。这一观点虽然通俗，但指出了攒钱速度远低于房价上涨速度的现状。很多人开始靠攒钱凑首付，结果越攒钱离首付差距越大。年轻人在大城市买一套房的首付，往往需要掏空一个家庭的积蓄。

所以说到底，大家为什么那么愿意买房，还是希望通过购房赚钱。我一个朋友在加拿大的一个小城市生活，朋友讲到那里房产价格的增长十分规律。比如花费 100 万元买一套房产，第二年房子价格最多升值为 103 万元，第三年最多升值为 106 万元。想想如果我们国家的房产市场也如此，还会有那么多人争相买房吗？租房是不是也能接受了？所以买房与租房的本质区别就在于房子有赚钱的效应。很多人表面上说不在乎增值空间，称购房只是为了居住，事实上还是看重房子的增值作用。

我们常说房子给人带来安全感，租房就不行。现代很多家庭出嫁女儿时要求男方购买一套房产，为什么？正是因为房产的价值储藏功能。简而言之，就是结婚前先为这对新人积累一笔财富。很多人感觉房子是压舱石，有房子在，生活中遇到任何意外都可以解决，比如家人生病、孩子出国留学、养老等都可以用卖房的钱解决问题。那么有人可能会问："我不买房，把钱放在其他投资渠道，不是也可以解决上述问题吗，为什么一定要靠房子呢？"

### 3. 为什么一定是房子

大众一般涉猎的投资理财项目无非房产、股票、基金、国债、黄金、理财类保险和收藏品等。但是我想问一问，有多少人敢把全部身家压在除了房产以外的投资品上？比如说我拥有 500 万元资产，我喜欢买股票，之后把 500 万元全部投入股市，这种情况存在吗？事实上存在，不过是少数人。甚至其中有些人还会进行融资融券以增强财务杠杆作用。不过事实证明这类人大多亏损严重，长期赚钱的少之又少。

我们为什么要选择房产投资作为家庭资产配置的主体。

第一个原因，在房产投资上可以投入大部分身家，这样家庭总资产的收益率就会比较高，比如说炒股也可能获取 100% 的利润，但是大多数人不敢全部投入，只会用家庭总资产的一小部分进行股市投资，这样即便赚取了 50%，甚至 100% 的利润，对于家庭总资产而言，也是微不足道的。而房产哪怕只是涨了 20%，对于家庭总资产来说，可能涨幅就达到 15%，这是非常可观的。

第二个原因，房产是可以居住的，这带来了使用价值。因为家庭居所是大众生活中最重要的场所，生活的幸福感很大程度上来源于家庭。正是因为房子具备居住作用，所以大多数人并不会特别在意房价波动。比如说我家房子目前 5 万元一平方米，难道明年涨到 5.5 万元一平方米，我就卖了赚钱，降到 4 万元一平方米我就卖了止损？不会的，如果生活上没有特别大的变化，大家往往会选择住下去。而金融资产就不一样了，听到一个消息，如连续三个跌停，投资者立即心慌，随后马上采取行动。这不是很常见的吗？所以，追涨杀跌往往很难在长期投资中获得较多利润。而因为我们可以踏实地住在房子里面，对房子价格没那么敏感，反而吃到了大周期的红利，取得了大的收益。

第三个原因，房子能产生房租。目前，很多家庭都拥有第二甚至第三套房产，除了自己居住使用的一套以外，其他房子用于出租，收取租金。很多人认为，将房屋出租收租金的属于少数人群，因为相对于房子总价而言，租售比（房子一年的租金除以房子总价，很多城市都不到 3% 甚至不到 2%）非常低。但是千万不要小瞧这 2% 的收益，长期来看，跟黄金等零息资产比，就会产生非常大的差距。别忘了，这 2% 可是几百万元甚至上千万元的 2%。如果一年一年积累起来，绝对不是小数目。

## 6.5.2　买房子的历史与天时

历史是一种文明财富，它不代表未来，却蕴含着未来。要想看清未来，需要看明白历史。房子也不例外。要买到未来能保值增值的房子，我们非常有必要回顾一下过去二十多年房地产的发展。

### 1. 过去二十多年房地产发展的三大阶段

我把过去房地产发展的二十多年大致分为三个阶段。

第一个阶段是 2000—2008 年，这个阶段可以称为随意购买阶段。在这一阶段只要购买房产就能够赚钱。当下四五十岁的中年人群中，不少人的财富正是在那个时候通过房产获取的。这个阶段很多人不明白为什么要买房，纠结于什么时候买房，是等房价下降还是等首付凑得再多点，这种犹豫思维导致这些人错过了一段最佳房产投资时期。整体而言这个阶段的特点是普涨，比如北京，二环附近的和六环附近的房价涨幅差不多，很多项目在六环附近的可能涨幅还大些，这是由于吉芬效应。这主要是因为特殊的经济时期，低端商品供给不足，高端商品根本没有人买，大家反而都去买低端商品了。一旦低端市场接近饱和，形势就会发生逆转。

第二个阶段，我称之为分水岭阶段。这个阶段从2009—2017年。这个阶段经历了两大分水岭，第一个分水岭是从2009—2010年，受当时全球经济危机的影响，房价在2009年大幅下跌，后来政府投入4万亿元救市，房价又从2010年开始上涨；第二个分水岭是2015—2016年，房价受到棚改货币化、货币放水市场变动等影响，基本完成了翻倍增长。直到2017年年初国家出台了相关管理政策后，房价开始迅速降温。这个阶段的特点第一是房价波动较大，大涨大跌；第二是上涨了两大波后，房价最终达到了与现在比较接近的水平。

第三个阶段，我称之为分化阶段，时间从2018年至往后很长一段时间。首先，是城市之间的分化，大涨、普涨结束。很多城市，尤其是三线、四线、五线城市的房价开始大跌，一些一线、二线城市还在上涨。其次，城市内部不同区域、不同板块之间的分化也越来越明显。一个城市里，很多区域的房价不涨，甚至不断下跌，而一些比较优质的区域的房价还在不断创新高。2021 年，北京很多区域，比如东西城区大部分板块，海淀区很多板块，朝阳区的太阳宫，朝青、望京、亦庄等核心区及河西区等的房价都超过了 2017 年 3 月 17 日的最高点（因那天房地产新政出台后，很多区域当日房价成了最高点）。

### 2. 涨是初期阶段的主要特点

总体分析这三个阶段，又可以合并为两个阶段，第一阶段是 2000 年到 2017 年，之后是第二阶段。第一阶段的总体特点就是一个字——涨。第二阶段的特点是两个字——分化。

为什么第一阶段的特点是涨呢？我觉得有以下几个主要原因。第一个原因是住房商品化前，住房需求积压得太久。在 20 世纪，很多人想有自己的房子而不得，只能等单位分房，只能和父母住在一起。后来商品房出现，因为经济发展，大家也有了一定积蓄，再加上很多人接受了银行贷款买房的方式，对买商品房从不接受到接受，从怀疑到追捧。先不讨论买房是否赚钱，谁不想住得舒服些呢？

第二个原因是国家经济的高速发展、市场环境的变化让很多人收入大幅度增加。2000 年我国城镇居民人均可支配收入大致为 6 000 元，2017 年，变为 36 400 元。这给大众买房带来了实实在在的能力基础。

　　第三个原因是城镇化的发展。随着改革开放的不断深入，21 世纪初以来，我国城镇化水平不断提高，人们从农村走向城市，从小城市走向大城市，又从大城市走向特大城市。人口的涌入就推动了房价升高，居民需求增加。尤其对于很多城市而言，居民需求的增加与供给的增加不成比例，供给增加有限，但是随着人口的不断涌入，需求不断增加。按照经济学的基本规律，商品房价格便不断上升。

　　第四个原因是房产带来的赚钱效应吸引了更多人投资，与此同时，其他投资渠道盈利效应不足。房子除了可以居住，它还是个金融产品，存在增值空间，能产生房租收益，还可以抵押贷款用于企业经营和日常消费等。随着房价从 2000 年后不断上升，很多人都发现投资房产的优势，纷纷买房投资，有些人购买了第二套、第三套房产，也有人将小房子换为大房子，将郊区房换为市中心房、学区房，目标自然是赚钱。而当时其他投资渠道对家庭总资产增长的作用是不明显的。

　　第五个原因是货币超发。2000 年，我国的广义货币供应量（M2）是 13.5 万亿元，2020 年后突破了 200 万亿元。房子是储存财富的工具，也是存放货币重要的资金池。所以货币超发、贬值也是房价上升的重要原因。

第六个原因是居民住宅用地供给结构性不足。比如上海 2021 年是 2 500 万常住人口，土地面积 6 340 平方千米，其中包括按要求不能做开发的 1 000 多平方千米的崇明岛。北京 16 000 多平方千米，仅平原部分就跟整个上海差不多，但 2021 年常住人口比上海少 300 万左右。所以总体讲，房价高并不是因为土地较少，而是居民住宅用地占比较低。

第七个原因是传统文化因素。中国人自古注重家庭、特别看重房子，而且不太接受长期租房的居住方式。这和西方有巨大差别。西方很多人不太注重房产，认为能够居住便可以，他们更愿意把钱消费在旅游以及其他自己喜欢的方面，比如创作音乐、潜水娱乐等。

这些原因共同作用，造成了第一阶段的特点——涨。北京、上海、深圳等地的房价都持续上涨。

### 3. 分化是未来的主要特点

但是到了第二个阶段，房产市场的特点不再是普涨，而是出现了越来越明显的分化。这种分化不仅有一线、二线城市和三线、四线城市之间的分化，还有一线城市间的分化、二线城市间的分化、城市群的分化、城市内不同区域涨跌互现的分化、住宅地产与商业地产的分化、房企分化等。很多盲目进行房产投资的人在这种环境下损失惨重。

比如我的一位朋友，2018 年买入北京大兴区一处房产，到 2022 年不但没赚钱，还赔了几十万元，这还没有计算交易成本、房贷支出和机会成本。另一个朋友更惨，在 2017 年 3 月前夕购买了北京朝阳区某小区房产，但买入后就赶上房价下跌，虽然买入的板块不错，但还是没有回本，到 2022 年正好满 5 年了，她正好可以把这套房产卖出换一个更稳定区域的房子。这都是城市内部分化的真实案例，至于城市之间的分化，案例就更多了。我的一位大学同学，在 2018 年、2019 年买入了北京周边张家口、大城的大户型房产，贷款较高，在辛苦还月供后的两三年听到自己所供的房子价格腰斩，内心十分焦虑，但这就是残酷的事实。

**4. 买房子的天时**

从 21 世纪初开始，关于房价是涨是跌、要不要买房的争论似乎就没有间断过。前面我们已经回顾了过去 20 多年我国房地产发展的几个阶段，那么自然有人要问：现在我国房地产发展处于什么阶段？应不应该买房呢？下面一一分析。

不要认为我国房地产发展已进入了"黑铁时代"，没有赚钱空间，这一思路是错误的。或许当下的环境对开发商并不友好，但是对普通老百姓而言，不能一概而论。

第一个原因是我国经济快速发展的历史时期并没有结束。虽然在经济发展上我们选择了换挡，但换挡不等于掉挡，更不是熄火。我国的经济发展增速在世界大国行列依然处于高水平。

第二个原因是人民币的国际地位在稳步提升。环球银行金融电信协会（SWIFT）发布的报告显示，2021 年 12 月人民币国际支付份额由 11 月的 2.14% 升至 2.70%，当月，人民币在国际支付中的份额排名升至第四。这也是 2015 年 8 月我国央行"汇改"以来，人民币国际支付份额全球排名首次超越日元。我国的房产是人民币计价的资产，所以人民币不断走强，从国际上来说人民币资产也会走强。

第三个原因是货币超发不会放缓，更不会结束。从人类货币历史来看，货币一定是趋于贬值的，那么房价不升实际上就等于下降。房子一直都是保值增值的主要工具。

第四个原因是我国城镇化还没有结束。城镇化是每个国家走向富强的必由之路。经济学告诉我们，优势资源一定要集聚才能发挥最大的效用。城镇化是人财物有效集聚的基本保障。目前，我国虽然基本完成了城镇化的主要部分，但并不是完全实现了城镇化。这主要表现为以下两点。

一是乡村往城市流动的人口还在不断增加。二是城市间的人口流动逐渐成为我国城镇化新的主旋律。无论是从北方城市向南方城市、从中西部向沿海地区，还是从经济落后城市向大城市，尤其是超大城市的人口流动一直没有停止。我们可以从发达国家目前的状况看出来，这是经济发展规律导致的，谁也不能阻止，未来城市发展的结果一定是形成超大城市及城市群。比如纽约都市圈按照由南向北的顺序排列，包括波士顿、纽约、费城和华盛顿四大城市群，此外还有巴尔的摩等一些中等城市，以及它们附近的一些卫星城镇。圈内包括波士顿、纽约、费城、巴尔的摩、华盛顿等几个人口超 100 万的大城市，10 万城市人口以上的城市共 50 多个。

第五个原因是房地产业是我国经济的主导产业、支柱产业、先导产业，这点没有改变。目前，房地产进入了中低速发展阶段，不代表这一行业属于夕阳产业。相反，未来在这个行业里会形成更多巨头、更优秀的品牌，一些落后的小型企业会逐渐被淘汰。

第六个原因是我国土地财政并没有从根本上发生改变。近年来，市场中一直存在房地产税会部分替代卖地收入的说法，这将逐渐改变地方政府依靠卖地获得收入的局面。我们先不讨论房地产税什么时候在全国铺开，就是正式实施了，房地产税能征收多少，能否替代卖地收入依然是未知。

所以，我们应该明白在现阶段任何唱衰房地产的观点，唱衰中国房价的观点都是没有道理的。但是，我们也要清醒地看到，盲目购房投资就能赚钱的时代一去不复返，要合理选筹才能避免掉入陷阱。

### 6.5.3　买房子的"人和"

买房需要天时、地利、人和，天时主要说的是房产发展大势，地利说的主要是区域的选择，人和呢？人和主要是指个人的生命周期、自身经济情况、家庭具体情况，乃至个人及家人的理财偏好等人的因素。天时和地利我们不再赘述，那么我们具体来看一下人和。

**1. 买房时机的把握**

一般来说，结合人的生命周期，买房分为以下几个阶段。第一阶段是人生的第一套房，这套房可能是单身阶段买的，也可能是要结婚时，双方父母资助买的。一般来说，除了家庭经济实力比较雄厚，第一套房往往不会特别值钱，属于上车阶段。第二阶段是第一次改善阶段，往往是有了孩子，自己父母可能过来帮忙带，原来的房子太小，必须买个更大的了。这个房子一般是两居室，或者郊区三居室，价值也不是太高，不过比第一阶段提高了一个档次。第三阶段是学区阶段，这个阶段孩子要上学了，必须考虑学校的问题了，中国人尤其注重孩子的教育，所以考虑到小学 6 年和中学 6 年，一个是学区不能太差，再就是不能离学校太远。这个时候可能放弃原来的房子搬进老城区的老破小，虽然面积小了，但房产价值可能提升了。第四阶段就是终极改善阶段，这个时候一般家庭财富积累也达到高峰了，孩子也大了，基本快独立生活了，这时候也不需要离学校近了，需要能提供高生活质量的房子。比如板块生活资源比较丰富的，房龄比较新的，物业管理比较好的，甚至科技住宅。

人生就是这样，每个阶段干好每个阶段的事情，往往效用是最优的。比如上学时就要好好学习，你上学时疯玩，回头恐怕没有玩的机会了，因为经济压力会让你在工作上抬不起头来。买房也是这样，每个阶段要依据自身情况，不要追求一步到位，把每个阶段过好，人生也就过好了。因为买房是大事，不仅很累很麻烦，而且买卖过程要交很多税费，所以不少人买房都追求一步到位，恨不得买个房住几十年，这实际上是不可能的。

## 2. 房款的计算

买房应该说是正常情况下，家庭最大的支出了。少说几十万元，在大城市动辄几百万元，甚至上千万元。这里面必然涉及家庭大额资金的安排和流转问题。我们结合上述的买房阶段，说说房款的具体准备方案。

第一，人生第一套房选择的思路与原则。

买第一套房时，一般刚工作，没什么太大的积累，除了夫妻俩都是在互联网、金融、律师等高薪部门或者岗位工作，有可能自己积累出首付，否则一般都得靠父母甚至亲友的帮助。这也是没办法的事情，我们就以北京的上车阶段为例。买套年轻人能住的一居室且离市区不太远的至少也得 200 多万元吧，首付加税费等得 100 万元。如果一对年轻人工作后每年能攒下 10 万元，也得攒 10 年，可是一般等不到 10 年就得买房结婚了，所以真靠年轻人自己买第一套房，不太现实。

现实中一般是这样几种情况。

第一种情况是父母资助一笔大钱，比如小王刚毕业没几年，父母给其 200 万元当首付买房子准备结婚。这是家里比较阔绰的。

第二种情况是准备结婚的小两口家里都不是太富裕，每家出 100 万元左右，小两口再拿出自己的积蓄，如果不够再跟亲戚朋友借点，加起来当成首付买房。

第三种情况就更麻烦，往往老家的家底不那么厚实，也没什么能借到钱的亲戚朋友，基本得靠年轻人自己攒钱凑首付，甚至老年人可能会卖了老家的房子帮孩子凑首付。关于这点，我提两个建议。

第一个建议是老家有多套房的，不用多考虑，最多留一套房，剩下全卖了给孩子在大城市当首付。这对家族来说是最经济的方案。

第二个建议是老年人在老家只有一套住房的，那就要考虑一下未来是不是跟孩子去大城市生活。如果要长期在大城市生活了，哪怕是租房住也能接受，建议直接卖老家的房子给孩子当首付。如果老年人希望在老家养老，那房子不卖就是最佳选择，毕竟老年人的想法也是不一样的。有的人喜欢热闹，希望和子女甚至孙子孙女住在一起，至少离得近，能经常见到，觉得这样生活有意思，哪怕累点、生活其他方面质量低一点；还有人喜欢清净，或者身体不太好，不希望离开原来的生活地点。这些都是应该被理解和尊重的。

那么除了父母和亲戚朋友的帮助，年轻人也必须自己对自己和未来的家庭负责任，从工作一开始就得有计划地积累买房的资金，制订购房计划，平时多看盘，对目标小区的情况了解得尽量详细，在各类平台上跟踪小区房源和房价的变动情况。其中买房资金的积累尤其重要，不要等到要买房了才来想攒钱的事，应该从生活中一点一滴去节省。

第二，换房的思路与原则。

从买第二套房开始基本都是换房的多，以小换大、从郊区换到学区等。当然，也有直接买第二套房的。这里我们主要说的是最常见的换房的情况。换房比起第一次买房，应该说容易很多，毕竟有至少一套房作为基础，首付就有了大半。比如，我们拿常见的一种情况，就是同区域内一居室换两居室为例。原来一居室能卖 400 万元，除去贷款能剩 250 万元。同区域两居室 560 万元，同样除去贷款 150 万元左右，首付 410 万元。这样等于再补上 160 万元就够了（没计算税费，按满五唯一[①] 计算大概需要 20

①满五唯一，房地产名词，是指该省（直辖市）内所在城市，一个人只有一套房子，且这套房子不动产权证已满五年了。

多万元的税费）。一般来说，正常的换房周期至少是 5 年。因为 5 年是人生的一个变化期，比如从没孩子到孩子三四岁考虑上学一般是 5 年，从有孩子到孩子上学差不多是 5 年，从孩子上学到孩子上中学，孩子需要有独立的生活空间也差不多是 5 年。所以 5 年基本上是一个家庭从初步建立到成长变化的一个小周期。那么我们在 5 年的周期里就要做换房的规划，比如有可能换到什么地方，要重点关注几个可能性大的小区和相关户型的成交量、价格变动、房源数量、质量等情况。此外，要准备换房的首付资金，比如我们上面说的案例里，要准备大概 150 万 ~200 万元的资金。那么分摊到每一年，一年就要准备 30 万 ~40 万元的资金。因为换房时，你所处的人生阶段会和第一套房不一样，收入会明显增高，如果夫妻俩收入都增长得比较多，那么每年存下 20 万到 30 万元问题不是太大。剩下的缺口可以从父母、亲朋那里借，等换房后用两三年时间还清。

这里，我们要分析一个问题，就是贷款多少比较合适？是不是越多越好？还是越少越好？这个问题几乎每个买房的人都会思考，每个人的结论可能都不一样。我的建议是依据自身情况，量力而为。

当然，贷款的数额应该与收入和家庭情况相匹配。什么叫与收入匹配呢？就是收入和房贷应该有合适的比例，超过这个比例，生活的质量就可能因为房贷而下降了。那么具体怎么衡量呢？以家庭收入为计量单位合理规划房贷月供占收入的比例。

第 1 条：舒适线，房贷占收入的 20% 左右。对于家庭来说，如果月入 1 万元，月供占 2 000 元，则剩下 8 000 元可用于其他支出，还是比较宽裕的，对生活的影响也不会太大。应该说，房贷占收入的 20% 的比例还是比较舒适的。

第 2 条：稳定线，房贷占收入的 20%~35%。到了这一比例，虽然说可能影响到家庭的生活质量，但考虑到房子升值、收入增长潜力等因素，正常的生活还能维系，此时家庭物质财产还算稳定。

第 3 条：警戒线，房贷占收入超 40%。根据国家商品住房个人贷款规定，如果房贷占月收入比重超过 50%，则不具备贷款条件；达到 40%，则进入警戒线。此时，月供占比过高，会对家庭其他正常支出产生影响，如果一旦收入有比较大的下降，那么可能维持正常生活都有困难了。

关于提前还款，很多人一看到银行给的还款计划表，立马不知所措了——要还的总利息跟借的钱差不多。比如借了银行 100 万元，还银行得 200 万元！"银行太黑了"，很多人都这么想，所以有点钱，如年终奖、业绩提成，都去提前还贷。实际上很多人没搞懂贷款的原理，这里我展开说一下为什么不建议提前还贷。就按常见的等额本息的还款方式进行演算。比如贷款 100 万元，年利率为 5.7%，贷 20 年，每个月还款 6 992.32

元，第 1 年每个月还本金约 2 302 元，利息约 4 690 元。那么，实际上第 1 年还的总利息是 56 286 元，年化利率是 5.63%。再看第 4 年的情况，当年每月还本金 2 730 元，利息约 4 262 元，年总利息为 51 148 元，年化利率 5.11%。再看第 10 年的情况，当年每月还本金 3 840 元，利息 3 152 元，年总利息为 37 827 元，年化利率为 3.78%。最后看第 20 年的情况，当年每月还本金 6 781 元，利息约为 211 元，年利息总计 2 534 元，年化利率为 0.25%。从这里面看出了什么？第一，虽然总利息很高，总体加起来跟本金差不多，但仔细看每一年的利率高吗？我们自己可以想想，除了房贷，能长期使用那么多资金的话，谁长期给予那么低的利率？第二，我们看到，年化利率是逐年降低的，到第 10 年后，年化利率基本快降到 4% 了，这恐怕和优质理财产品的收益率差不多吧。第三，我们还要考虑一个问题，就是利率的下降趋势，目前房贷利率基本挂钩贷款基础利率（LPR），而市场总体的利率呈下降趋势。

## 6.5.4 房子怎么买——技巧篇

在实操过程中，买卖房产是个系统工程，整个工程看似简单的一买一卖，其实涉及对市场的判断、选筹、谈判、签合同、申请或者结清贷款、房子评估、购房资质评估、网签备案、交易过户、房产交割、物业交割、户口迁移，甚至还有过桥资金的拆借等一系列操作。所以这部分着重结合我的房产交易实操经验和教训，帮助大家避免走弯路，在交易中节约成本、提高效率。

**1. 房屋置换的买卖顺序（含交定金技巧）**

卖一买一是常见的交易模式。我们在买卖过程中经常面临一个问题——是先卖自己的房子，还是先买别人的房子呢？这主要取决于市场，市场红火的时候要先买房（订房）然后再卖；市场不景气的时候，要尽量把自己的房子先卖出去，至少先签订卖房合同，拿到定金后，再去买房，然后签订买房合同。为什么这么操作呢？因为市场红火的时候，不仅价格容易跳涨，而且好的房源会迅速减少，你刚看上的房子可能还没来得及跟家人商议就被别人买走了。此外，卖家也会出现惜售的心理，比如我跟朋友在 2021 年年初的一次买房经历。当晚我们本来准备与卖家签约了，就在签约前卖家突然提出再加 50 万元，我朋友为了拿下房子，咬牙同意了。谁知卖家并没有当即签约，而是不着急地又给他家人打电话（这往往是个技巧，实际根本没打，或者打不打无所谓），然后说家人不太同意卖，想等两天再看看。我朋友一听就急了，说："都说好要签约了，你这老临时变卦，那你说到底多少钱能卖吧？"卖家不着急地说："再说吧。"于是就走了。这里提示一下大家，市场好的时候买房时给的定金一定要足够。

一般中介机构会限制你给太多定金，因为一旦产生纠纷，他们有先行赔付的义务，但是你应该尽可能多给，因为市场好的时候卖家容易违约，卖家一旦违约一般会双倍赔你定金。比如你给了卖家 40 万元的定金，他违约时赔给你 80 万元，实际你只多得了40 万元，但是房子可能已经涨了 100 万元，实际房价与你的目标房价的差距一下子拉大了。但是如果你给了 80 万元的定金，那么卖家想违约就得掂量一下了。有人问：目前合同里不是一般都规定可以按合同中交易总金额的 20% 赔偿违约金吗？1 000万元的房子得赔偿我 200 万元，那卖家怎么敢违约？不错，目前合同里一般是这么约定的，但是一旦卖家要违约，作为买家（受害者），你要想拿到 20% 的赔偿，就得上法院起诉卖家，这需要比较长的时间。我有一个朋友打类似的官司用了三年，当然也有比较短的，比如半年内就有结果了。但是结果也不会完全像买家预期的那样，赔偿 20%。一般法院会结合合同及买家的实际损失来综合考虑赔偿金额。比如，市场真的在卖家违约的那段时间里涨了很多，同样房子的价格涨了很多（举证很麻烦），法院可能会判赔的金额高于双倍定金。所以，你折腾半天，结果赔的就是双倍定金到交易总金额的 20% 之间的一个数目。然后你加上这些赔款去买房，发现早就买不到你原来想要的那样的房子了。所以，稳妥的办法就是多给定金，加大卖家的违约成本，尽量让他不敢违约。

那么市场不好的时候呢？要先卖，因为如果你着急订了要买的房子，然后卖自己的房子的时候发现一时半会没人来买，那你的心态就容易不好了。比如你的换房周期是 3 个月，2 个月过去了，没人找你谈价格，你能不着急吗？你着急，就想调低房价，等于你卖房的价格就下降了。所以，市场不好的时候，买房不着急，等 2 个月没准你的目标房还降价了，或者同小区有更合适的房源了。市场不好的时候，如果你攥着钱，你去买房时谈判都有底气，好跟卖家砍价。比如你已经拿到了自己卖房的房款，那你可以直接向卖家交首付，这就是个很大的优势，凭借这个优势你就可以跟卖家砍价。

**2. 出售房屋时的挂盘技巧**

我们卖房的时候，怎么在中介机构挂盘呢？这个过程看似简单，实际还是需要一定技巧的。要考虑挂盘的时间节点，还要考虑怎么挂盘，这里面有一些注意事项。

我们要考虑在什么时间节点挂盘。有些人可能不理解，我想卖的时候就挂呗，这还有啥好说的。实际上这是不对的，在不合适的时间节点挂盘，不仅会贻误时机，还可能会形成比较被动的局面。我们说几个例子吧。

第一，不要在年底、春节前挂盘，这个时候是一年中交易最冷清的时候，大家都忙着过年，天气也冷，没心思去看房买房，你挂出来不但没人看没人买，几个月之后人家一看房子挂盘时间，发现好几个月没卖出去，也会跟你砍价。那么每年春节后就是不错的挂盘时机，因为这个时候一般人都拿到年终奖了，春节时也和家人商量好买房的事了，家里人明确支持多少钱了，节后天气也转暖，春暖花开了。第二，要长期观察自己小区同户型的挂盘量，尽量在同户型挂盘量少甚至为零的时候挂盘，让自己的房子成为孤品，这样不仅看的人多，价格上也是自己说了算。我第一次卖房的时候就是这样，本来我这个户型在小区里常年是有3套以上挂盘的，但我能卖的时候小区没有同户型在卖，我果断挂盘，结果看的人非常多，每天来 10~20 组客户看房，最终一两个星期就以比上一套同户型高几十万元的价格卖出去了。因为这个时候买家只要相中了你这个小区、你这个户型，那他没得选择，哪怕你的房子有点瑕疵，他也能接受，如果没什么瑕疵，甚至还有点优势（比如你房子里比同户型多了个储藏间或者玄关大2平方米等），那么价格上你的优势就更大了。第三，不要在小区同户型且性价比特别高的其他房源挂盘时挂盘，这样你的房子就成了陪衬，什么时候人家的房子卖了，才可能轮到你的。挂盘的时候能给买家眼前一亮的感觉，这才是好的挂盘时机。

在具体挂盘的时候，操作也是有讲究的。我的经验是在多个中介机构同时挂盘。目前，市场上一些大中介机构为了提高市场占有率，拼命劝说你只在他们家挂盘，甚至让你签订独家销售协议，记住，最好别签。你要告诉中介人员："你们得想尽一切办法帮我把房子尽快卖出去。反正我也在其他中介机构挂牌了，你们公平竞争，按我的目标价格，你们谁先卖出去算谁的。"其实，某个中介人员为了拿到高额的佣金，为了业绩，为了市场占有率，会尽量帮你卖的，签独家销售协议作用并不大。

　　挂盘的时候，中介人员要拍你房子的照片放在网上，这是个关键。很多人稀里糊涂就让中介人员来拍了，结果家里的破被子、卫生间的破盆都在照片里，让人一看就觉得不整洁，房子的印象分就没了。那么应该怎么做呢？当你准备挂盘前，记得用两天时间好好把家收拾一下（这指的是装修及保养得不错的房子，如果基础太差，建议找装修公司包装一下。放心，你装修的钱都能在你卖房时加倍收回）。首先，扔掉破烂，那些让屋子显得旧的东西，反正你卖房后大概率还是得扔，不如先扔掉还能让房子卖个好价钱。其次，要把家里占地方的且没什么大用的东西先运走，比如按摩椅、跑步机。这些东西占空间，会让买家觉得房子小。要记住，人家买的是房子的空间，不是你家里的那些旧玩意。尽量腾出房子空间，一来让人觉得整齐，二来让人觉得空间大。再次，要进行彻底的清洁，最好花钱请小时工做翻新，这花不了多少钱，别不舍得。如果家里墙面有比较明显的破损，找人刷点漆或者贴点壁纸，不费事。最后，把家里的灯尽量换成亮度大的，买家在晚上或者在光线不好时来看房的话，效果会好些，挂盘时的照片效果也会好些。

### 3. 出售房屋时的带看技巧

前面我们已经说了，挂盘前要把房子尽可能收拾得干净整洁，让房子显得比较新。挂盘后，在带看过程中，也有一些注意事项。

一是要注意带看时间。你房子是南向的，尽量让买家中午来看房，特别是冬天，阳光满照的效果很好。你房子是东向的，尽量让买家上午来看房。二是要注意尽可能让买家集中地来看房。这样买家一看，这房这么抢手，有两三组人同时在看，是不是得赶紧考虑啊？不要怕这样买家看房效果会受影响，记住，这种心理的影响效果往往会更大、更好。三是带看过程中，你不能闲着，要配合中介人员宣传房子的优势，同时展现友好的态度，给买家留下这个卖家人不错、好接触的印象。你还得注意观察买家，因为他们就是未来可能买你房子的人，观察他们关注的点，他们之间的谈话、与中介人员的谈话，甚至他们的行为特点和性格特征，这些都会对你面谈时判断对方的心理价位及出价规律有帮助。

### 4. 卖房时与中介人员沟通的技巧

整个卖房的过程中要始终向各方面传递一个信息，就是你不着急卖，如果让中介人员或者买家知道你着急卖了，那么你很难卖得上价。当中介人员问你为什么卖房的时候，不要说是换房，因为如果你说换房，对方马上就问你想买的房子买了没有，如果你再说已经订房了，那么你这房就卖不上价。因为在心理上对方已经处于上风了。那应该怎么说呢？你可以说先卖卖试试，如果能卖个满意的价格我就卖，然后考虑买房的事情，买房那边我也看了（我准备换房，不是随意挂盘），锁定了几个小区，但具体房源没定下来。这样一来，人家既觉得你有诚意卖，会真心帮你推荐，同时又知道你并不急着卖，希望卖个好价格，就不太会帮买方死压你的价格。

卖房的谈判实际上从你挂盘那一刻就开始了，而不是你和买家谈的时候才开始。为什么呢？因为你挂盘后就开始与中介人员谈判了。别觉得中介人员在跟你闲聊天，人家可能也是年入十几万元、几十万元甚至上百万元的白领，为啥老跟你闲聊天呢？人家就是在跟你聊你的心理价位，看怎么能快速促成交易。注意，一般中介人员关心的不是帮你多卖钱，他关心的是怎么能快速完成交易，因为交易一完成，业绩、佣金、公司的市场占有率都有了。而我们从挂盘前后直到签买卖合同，其间离不开中介人员，也需要跟中介人员沟通，那么怎么沟通呢？

要多聊他知道的信息，比如同小区同户型的成交情况——什么样的房子、什么样的业主、卖了什么样的价格等。还有潜在买家的情况，让中介人员列张单子，看一看一共有多少组买家看房；哪些看了两次以上，看完房跟中介人员说了什么；哪些人明确表示你这房不错，他们看中了什么、他们是什么情况、他们担心什么、他们不满意的地方在哪里。把这些统统搞清楚，才会让你接下来真正跟买家谈判时有心理底牌。

在多轮看房后，会有买家试探性地通过中介人员进行询价，一般也是为了刺探你的心理底价。注意你说的要始终保持一致，不能今天这么说，明天又那么说，今天和这个中介人员这么说，明天和另一个中介人员那么说。要知道，中介人员之间都是有联系的，别说一个公司内部，就是不同公司之间的也有千丝万缕的联系。比如 A 公司的小王跳槽到了 B 公司，但是他还和 A 公司的很多人是好朋友、同乡的关系等。所以你和一个中介人员说了什么，千万别以为只有他一个人知道，很可能是大家都知道了，特别是你房子是不是着急卖、心理底价等关键信息。那么应该怎么说呢？你从挂盘时就应该想好一个说辞——关于你想卖多少钱的。记住，不要是具体数字，而要是很模糊的话，最多就透露个宽泛的区间。

### 5. 卖房的面谈技巧

再说一下与买家面谈的技巧。一般面谈前，中介人员会跟双方做好铺垫，双方都觉得价格比较合适了，才坐下来面谈。这里也提示大家，一定要跟中介人员讲清楚："价格过低的不要让我去面谈，我是不会同意的，去了就是耽误所有人的时间。"这样可以避免一些无效劳动，节省精力应对真正的买家。在与真正买家面谈前，一定要从中介人员那里了解尽可能多的信息，包括买家为什么要买房，他为什么想买自己的房，他看中了什么，他的预期价格是多少，他是换房还是直接买，资金准备得怎么样了。此外，还要了解买家的个人信息，包括一个人买还是夫妻一起买，年龄多大，有什么样的性格特点（如是直爽的还是比较犹豫的），从事什么工作，是不是当地人，之前住在什么区域等。这些信息都会对交易谈判产生影响。

为什么呢？因为通过这些信息，你会知道对方的心理底价及怎么谈才能按照你希望的方向进行。比如，对方是很年轻的小两口，那么你看两个人中哪个是拿主意的，他关注的是什么（如是房子的格局、装修，还是整体性价比），然后你再扬长避短地推荐你的房子。年轻人一般比较爽快，对价格不太敏感，因为他们的首付很大一部分都是父母给的，所以多跟他们讲讲你这里生活多么便利、生活质量多么高。比如购物如何方便、离地铁多近、看电影和吃饭的地方到处都是等。这样他们对未来美好生活的预期就会转化为你多卖出的房价。

面谈时中介人员一般不会马上就安排你和买家见面，一般是两拨中介人员把你和买家分别安置在两个会议室单聊，然后靠中介人员传递信息，这是为了避免出现见面时聊到某个点（比如价格），双方有比较大的分歧，因下不来台而谈判破裂的情况。那么单聊这个阶段是很关键的，因为大概的成交价就是这个阶段谈出来的。

除了特别抢手的房源以外，一般来说，面谈开始前买家和卖家对房价的预期差价是比较大的，比如房子标价 530 万元，卖家实际想卖 520 万~525 万元，而买家可能开始就打算用低于 500 万元买下来。但是坐到谈判桌前，买家知道低于 500 万元买不下来，他也做好了加点钱的准备，具体加多少，他会在谈判中来决定。这个时候，要知道，双方谈判的中心首先是价格，其次才是周期、付款方式等。所以你要把握住价格这个中心，一开始不能轻易松口，就说：价格是家人一致商量好的，挂盘价没有水分，是不会大幅降价的，不过既然坐到了谈判桌前，买家也是有诚意的，我们不会一分不降，可以考虑降一点，但买家必须先出价。

注意！这是关键，一定要买家先出价，你作为卖家如果先出价就会特别被动。比如你标价 530 万元，你说可以 525 万元卖，那么要么人家不同意再让你降，要么说接受不了不谈了，这两种结果都对你不利。所以记住要让买家先出价。比如买家说出 510 万元，那么你就可以说：这个价格没太大诚意，你看我标 530 万元，你这才出 510 万元，差 20 万元。然后让买家重新出价。那么这个时候主动权就在你手里，买家 510 万元的底已经出来了，后面只会比这个价高。记住，这个时候中介人员会让你也出个诚意价，但你还是要咬住牙不说，就说买家这个价不是诚心买的价格，让买家重新出价。这时候中介人员就会集中力量做买家的工作，买家经过一番挣扎后比如出到 520 万元。这已经达到了你最低的心理价位，这个时候不要表露出高兴、轻松的表情，还是要保持比较凝重的表情，让中介人员知道你仍然不太满意。因为你一旦表露你基本满意了，中介人员马上就明白了，成交价就是520 万元了，你很难再往上谈了。

买家出价到了 520 万元，达到了你的心理底价，离挂盘价也差不多了，这时候你可以要求和买家面谈，也就是最后的谈判。

这个阶段是决定你成败的关键。面谈的时候，要不卑不亢，态度坚定而平和，既不要过于强硬，使得局面僵持，又要引导买家往上抬价格。那么，应该怎么说呢？你可以事先想好一套说辞，按照之前打听出来的买家的信息，找出他最关心的点，多说你房子的优势。然后你可以多说各种理由，甚至反复说一些关键点，就是一个字——磨，让买家继续往上加价。

记住，这个时候你还不能说价格，还是让买家说，让他往上加价。比如对方说："怎么老让我说啊，你怎么不说个价格啊。"你就告诉他："如果我说了您不接受，咱们就谈崩了，我只能说目前的价格没有达到我们家人的预期，您再加点。"等买家价加得差不多了，比如说已经到 523 万元或者 524 万元，这个时候你再来个一锤定音，就是直接说出最终希望成交的价格，比如 525 万元。这个价格不能比买家最终出价高太多，高太多就谈不下去了，只能高一点，所以前期让买家反复往上加价的意义就在这。这个价格因为高出买家最终报价，买家肯定不会轻易接受，那么你可以用一些软条件来圆场，比如接受买家使用公积金组合贷款，或者付首付款的周期可以长一些等。这样买家觉得又获得了一些方便，最终价格差距不大，很可能就同意了。

### 6. 特殊情况下的卖房技巧

这里再介绍一种特殊情况下的卖房技巧，仅适用于市场行情火爆、房源比较抢手的情况。这种情况下，一房难求，你的房子想卖个好价格，怎么操作呢？你可以约两个不同的中介人员分别联系两组买家同时面谈。你家人也分为两组，一组去一个中介门店面谈。每组人有一个主要谈判人，这个人要比较善于谈判且知道底牌。组内还有一个负责传递信息的，把一边谈判的实时信息传递给另一边，这样主动权就会完全掌握在自己手里。在谈判中，你可以告诉中介人员，另一边的买家已经出到什么价位了，与这边可差不少，这边要是再不加价那边可能就签约了。这样，让两边互相抬轿子，你坐享其成，哪边给的价高就跟哪边签约。

### 7. 买房谈判技巧

下面，我们再来说说作为买房一方，应注意什么。首先，和卖房一样，买房时要始终对外传递一个信号，就是你不急着买。

中介人员问你为什么买房，你就说是为了投资，别说是为了孩子上学，否则会让人家知道你是刚需、必须得买，甚至必须在这片买，这样就不好谈价格了。要让中介人员觉得你可买可不买：价格合适，你是可以买的；价格太高或者没合适的房源，你就再等。买房时不能怕麻烦，多实地看，多跟中介人员聊。聊什么？聊这个小区你要买的户型之前成交是什么情况。如临街的房什么价格，不临街的房什么价格；一层什么价格，顶层什么价格；有电梯的什么价格；没电梯的什么价格等。再就是聊目前这个户型在售的房源情况，如具体什么楼座、什么楼层，业主什么心态，业主是换房还是卖老房子等。再者，也可聊潜在买家，也就是你的竞争对手的情况，看看这个户型看的人多不多，别人怎么出的价，一般都是什么样的人来看房、买房等。正所谓，知己知彼，百战不殆。你得知道过去、现在的交易情况，还得知道各交易方（包括中介机构）的情况才能有明晰的判断。

在实地看房的过程中，要特别关注房子里的细节，比如老房子的顶层是否有漏雨的痕迹，把窗户打开看看噪声的情况（有些卖家把房子的隔音窗户一关，根本听不见噪声，觉得没事。等住进去一开窗户，发现是两个世界，那就麻烦了，夏天的晚上不开窗户也不舒服呀）。此外，还要从卖家的言谈举止中品他的性格特点，听出弦外之音，就是看他着不着急卖这个房。虽然他嘴上可能说不着急卖，但从他介绍房子的情况及同你聊天的过程中是能透露出信息的。

在面谈过程中，要尽可能表达出你想买这房但是资金预算确实有限的意思，这样引导中介人员去帮你给卖家做工作。你可以明确表示：这房我们看上了，确实想买，就是价格确实有差距，超过我们的预算了，即便按照最大比例贷款，我们首付也凑不够那么多。这样中介人员为了促成交易，就会帮你给卖家做工作了。在与卖家面对面谈判过程中也要坚持这个原则。不要只说房子的缺点，很多人觉得我找出你房子的缺点你该降价了吧？不是的，这样只能引起卖家的不快，谁也不愿意听别人说自己的家不好。

所以我们不说不好，就说好（当然也不能说特别好，那么就没法砍价了）、想买，但是预算确实不够，让卖家看看能不能再降点。实在不行，再抛出一些软条件打动卖家，比如告诉卖家可以晚俩月交房，让卖家可以趁这个时间去买房甚至装修好新房后再搬家。这样卖家也得到了便利，可能出价就会往你希望的价格靠拢。

### 8. 买房子时的税费处理技巧

我们买房卖房离不开缴纳税费的环节，对于房产投资，税费是绝对不能不认真考虑的项目。因为，有时候税费没计算明白，预期收益就极有可能泡汤。一般的税费计算方法在网上很容易查到，我在这里就不多解释了，只把一些重要的注意事项和实操中的一些重要技巧分享给大家。因为新房的税费计算比较简单，也没有什么特殊的注意事项，所以下面我们重要分析二手房交易的税费。因各地税费不完全一致，在此仅以 2022 年北京市的征税情况为例。

第一，注意房屋属性

一般在二手房市场流通的房屋除了普通的商品房还有已购公房、经济适用房、央产房、回迁房、两限房等。房屋性质不一样，税费可能有较大区别。比如，一类经济适用房是两限房房本，必须满五年以后才可以交易，交易时需补 10% 的综合地价款，交易一次以后产权性质变更为商品房。二类经济适用房是"等同于经济适用房管理"的房产类型，这类房产大多为拆迁安置类房产或者回迁房，其只是不动产权证书上标注为经济适用房，管理上比照经济适用房，但是不受一类经济适用房满五年才可交易的限制。二类经济适用房只要取得产权证就可以上市交易，除了要按照商品房税费标准缴税以外，还需要缴纳成交价格 3% 的土地出让金，缴纳该土地出让金后，其产权性质变为商品房。

公房也称公有住房、国有住宅。它是指由国家以及国有企业、事业单位投资兴建、销售的住宅，在住宅未出售之前，住宅的产权（占有权、使用权、收益权、处分权等）归国家所有。公房分为两种，一种是不能上市交易的，居民只拥有使用权；另一种是可以上市交易的，也就是我们通常说的已购公房。相比其他二手房，已购公房的差异主要体现在土地出让金上。

（1）若二手房卖家当年以成本价购房，土地出让金 = 当年成本价 × 建筑面积 ×1%（当年成本价：城六区为 1 560 元 / 平方米；远郊区县为 1 290 元 / 平方米或 1 110 元 / 平方米）。

（2）若二手房卖家当年以优惠 / 标准价购房，先向原单位缴纳土地出让金补成本价（优补成），土地出让金补成本价 = 当年成本价 × 建筑面积 ×6%；再缴纳土地出让金，土地出让金 = 当年成本价 × 建筑面积 ×1%（当年成本价：城六区为 1 560 元 / 平方米；远郊区县为 1 290 元 / 平方米或 1 110 元 / 平方米）。

**第二，是否一定要满五唯一**

很多人买二手房都要看买的房子是不是满五唯一。当然，满五唯一的话基本上交契税和中介费就行了。我们这里要重点关注不动产权证满 2 年的房子。这里有什么诀窍呢？很多人忽略了满 2 年的房子不仅免缴增值税，个税也可能免缴。个税能否在满 2 年的情况下免缴，关键就是看这个房子上次交易的原值。注意，这个原值不是实际成交价，而是在政府机关备案的成交价。什么意思呢？就是这个房子在上次交易缴税过程中，在税务部门登记备案的交易价格，称为"原值"。如果房子上一次交易的原值比较高，交易时就可能在仅满 2 年的情况下免缴个税。个税的计算公式是：（当下交易的网签备案价格 - 原值）×20%。如果原值高到了和此次网签备案价格一样的水平，那就不用交个税了。在实操过程中，我们经常会遇到一个矛盾，就是多贷款和减少个税的矛盾。因为如果想多贷款，那么现在交易的房子的网签价（即网签备案价格）就得高，而网签价一高，与房子的原值差就会加大，交的个税就会多。当然，这还是在不动产权证不满 5 年的范围内讨论，如果是满五唯一的情况下，就不存在这个问题，所以满五唯一的房子是相对好卖的。

第三，别忘跟中介人员谈中介费

前面我们已经分析了，找中介机构的话最好找大中介机构，那么大中介机构的中介费也不便宜，能否省下一些呢？这里说几个小技巧。我们得知道中介费是可以砍价的，很多人把注意力放在买房上了，好不容易谈完了，中介机构自然而然就把中介费收了（一般都是签完合同先付清所有中介费）。很多人稀里糊涂地把中介费都交了。其实我们要知道，中介费是可以商量的，有砍价空间的。很多购房者都会犯一个错误，就是先和房东谈，一切都谈妥敲定后，才回过头问中介人员，中介费可否再便宜点，要知道几百万元的房子都谈妥了，很少有人会为区区几万元的中介费放弃房子，所以就很难取得让步。正确的谈判顺序应该是：先和中介机构确定好中介费、交易费等一系列费用，再让中介人员与房东谈，记住谈判前主动权在你，谈好后主动权就在中介机构手中了。如果谈不拢可以换家中介机构，因为现在的房子没有独家的，基本每家中介机构都有交易权。如果你遇到的中介人员说中介费是总公司定的，他们没有权让价，那是谎言。因为任何一家中介公司的中介费都是可以砍价的，只是让利空间大小的问题，且真正掌握让价权的是每个中介门店的店长，所以不妨多与店长接触，或许可以支付更优惠的中介费用。

第 7 章

# 守住千万资产与扩大战果同样重要

# 7.1 资产的保值与赛道的坚守

在理财方面有心得的人都知道，当达到千万资产时，就得开始打财富"守卫战"了。有些人或许会觉得，这样的起步也太低了，难道千万资产就知足啦？一个人想要财富自由，不说上亿元，怎么也得有几千万元才能安心，在这之前必须始终保持进攻。

实际情况并非如此。投资界有一条规律：当你比较贫困时，你必须要有"赌"的精神，因为你本来就一无所有；当你比较富裕的时候，就要深思熟虑，此时随便下注，很容易让之前的胜利果实付诸东流。

## 7.1.1 资产的保值

在资产保值的教训上，我朋友 T 就是典型的例子。T 通过在投资领域二十年的艰苦拼搏，在他 39 岁时，终于靠贵金属期货赚到了人生的第一个一千万元。在这之前，他付出了异于常人的努力，不仅在日常生活中极其节省，还把所有的心血都投入了投资领域。通过对局势的准确分析，他终于跻身千万富翁的阵营。然而好景不长，由于他缺少防守意识，在达到千万资产时仍沉迷于"财富进攻战"。他希望在 40 岁前按照自己的计划把资产总额提高到一千两百万元，并在 40 岁生日那天光荣退休。可惜，事与愿违，在他生日前俩月他的愿望落空了。

2020 年意外事件席卷全球，贵金属价格因此出现了罕见的暴跌。在这场暴跌风暴中，他没有像别人一样收紧口袋，反而想利用这次机会大赚一笔，实现自己一千两百万元的目标。他坚信凭自己多年的投资经验，达到一千两百万元的资产不在话下，操作得当的话甚至可以得到更多，到时候就可以直接达到更高层级的财富自由了。

然而，投资市场的动荡让所有不舍得走的人付出了惨重的代价，我这位朋友也不例外。因为对市场局势的误判，他连续两次操作出现了巨大失误，让他损失了大半的资产，多年积累的财富也因没有进行资产防守而大打折扣。

这个故事给了我们深刻的启示：当我们跨过千万资产的门槛后就得调整之前的模式了，此时应更注重防守而不是进攻。那么，具体应如何防守呢？

一是要整合优质房产，尤其是要聚焦到核心板块的次新房。二是减少大型投资或在各资产类目间切换的次数，这样可以降低操作失误的概率。三是加强、完善家庭保险（保障类）配置，把风险进一步转移给保险公司，利用中高端医疗险及功能丰富的意外险等保障自己出现疾病或者意外后的生活质量。例如，你原来购买的险种可以报销全部医疗费用，而现在不仅要报销全部费用，还要保证自己住条件好的病房，并且有权威专家甚至世界一流专家给自己会诊、出治疗方案，享受世界最新特效药等。没有人希望生病，一旦生病，能够尽快把病治好，享受更高级别的保障，这也算是生活质量的一种提高。

## 7.1.2　坚守自己的赛道

资产保值的大忌是随意切换赛道。许多人在拥有千万资产时，便想涉足未知领域，获取更大的财富。例如，有人靠投资房产成了千万富翁，看到身边的很多富商都在投资股票，于是便想试试。实际上，这种行为是非常危险的。因为你根本不熟悉未知领域的规则与门道。

俗话说隔行如隔山，虽然不同投资品应用的理财原理是大致相同的，但实际操作的时候还是有很多差异的。随意入局的人很容易吃亏，甚至出现满盘皆输的情况。

现实中，我有这么一个朋友。他本来靠投资房产成了千万富翁，但不久后他认为房子在未来没有大涨的机会了，想要赚大钱就不能指望房子，于是去跟朋友投资虚拟资产。在这之前，他从来没有接触过虚拟资产。后来再听到他的消息时，他已经赔得一塌糊涂，正准备卖房还债。

这个故事告诉我们，坚守自己的赛道非常重要，因为在这个领域，你积累了很多知识和经验，专业性就是你的护城河。你能在这个领域成功，说明你找对了方法并付诸实践了。因此，想要扩展财富边界，你就要继续坚持自己的思维框架。

即便如此，很多人却认为，在这个瞬息万变的社会，坚持的意义已经不大了。这样的想法并非完全没有道理，正如投资房产，如果你还用十几年前随便买买就能赚钱的思路当然不行。事实上，我们坚守赛道和思维框架，并不是强调一成不变，而是要通过不断调整微观上的操作方法来适应市场局势的变化。

## 7.2　婚姻理财篇

单身者在理财投资的决策上相对比较简单，只要风险在合理范围内就可以接受，投资结果只需对自己负责。但成立家庭后，理财的模式、决策的方式等都会和单身时有很大的差别。有些理财方法我们自己觉得很好，但在具体实施时，由于夫妻的思维模式和投资思路难以达成一致，因此实际结果往往会和预期的差别很大。

婚姻理财问题处理的结果，不仅直接影响着一个家庭是否能够迈入财富自由的大门，还决定着夫妻是否能够向更高层级的财富自由迈进。本部分我们将重点讨论婚姻理财中需要注意的事项。

## 7.2.1　婚姻是人一生中很重要的投资

有句俗话"男怕入错行，女怕嫁错郎"。这句话充分说明了婚姻对女性的重要性。婚姻不仅对女人的一生很重要，对男人的一生同样也至关重要。从经济学的角度看，个体的目标是追求一生效用的最大化。婚姻作为一生中重要的投资，对人生效用起着决定性的作用。如果投资成功，能大大增加人生总效用。相反，不幸的婚姻会让人生总效用大大减少。

什么样的婚姻才算是幸福的婚姻？我认为幸福的婚姻一定是两个人朝着共同的目标努力并且有福同享有难同当。在遇到困难时，夫妻能咬紧牙关克服一切障碍；在富裕的时候，也不被外面的花花世界所迷惑，始终如一，忠贞不移。

幸福的婚姻，还要求夫妻双方相互信任。在婚姻的世界里，幸福的夫妻无须怀疑对方是否爱自己，也不论对方的颜值高与低。因此，夫妻如果想一辈子走下去，有一条不成文但却彼此心知肚明的规则，那就是不要试图挑战对方对自己的信任，要确保夫妻之间彼此信任，互不猜疑。如果细心观察身边那些过得幸福的夫妻，我们很容易发现他们都有共同的特征，那就是夫妻双方对另一半都绝对信任。正是夫妻双方之间的绝对信任，让两个人达成了默契，无论发生什么事都会选择相信对方，于是这份婚姻便变得更加有温度，日子更有奔头。这样的婚姻便是幸福的婚姻。

再者，幸福的婚姻是基于爱的。如果夫妻之间的情感体验是咬牙切齿的恨或貌合神离、互不关心，那么这不是幸福的婚姻。婚姻在表面上是夫妻双方的社会契约关系，但它的本质应该是夫妻双方因为爱情而结合。幸福的婚姻中，夫妻双方会因为爱情自然而然地表现出和谐、稳定和美满的气氛。

遗憾的是，许多人并不了解婚姻生活的和谐能体现在什么地方。其实，和谐本身是由夫妻双方的恩爱程度所决定的。夫妻恩爱程度越高，爱得越深，夫妻之间越和谐。放眼这世间的婚姻，那些美好的婚姻几乎都是一部恩爱缠绵史。这种幸福的婚姻，是稳定的。

缺乏稳定要素，夫妻之间就难以感受到安全感，而没有安全感的婚姻，又怎么可能让目标一致呢？没有共同奋斗的目标，面对心猿意马的生活和动荡不安的婚姻，夫妻俩如何一条心？不是一条心的夫妻又何谈理财呢？

婚姻的美满度，决定了家庭的幸福度。当夫妻双方以及这份婚姻的相关人——父母、孩子等，都能清晰地感知到幸福的时候，那这份婚姻自然是美满的。而美满的婚姻，自然是好的婚姻。

很多人可能不相信，幸福的婚姻并非来自经营，而是来自选择。谈及爱情和婚姻，人们常说："好的婚姻都是经营来的，只有懂得经营，才有可能拥有幸福的婚姻，夫妻两个人才有可能白头偕老。"其实，我觉得这种婚姻理念过于片面，很容易让人进入婚姻的误区。

真正和谐且幸福的婚姻状态就是"刚刚好"。在我想遇见你的时候，你正好在这里，不早也不迟。你正好是我心中定格的爱人模样，而我也恰恰是你梦中情人的样子。于是，两个人相见恨晚，在一起有说不完的话，有做不完的开心事，除了浪漫，就是温柔。不论婚姻里双方在一起的时间有多长，总觉得待在一起的时间很短，总觉得爱对方爱得还不够深，总觉得给予对方的还不够多，同时也觉得对方给自己的还没到百分之百。或许这才能算是真正上品的婚姻。

很多人可能会觉得，这种婚姻只存在于艺术作品中，在现实生活中不可能存在。其实在我们的现实生活中，这样的婚姻真实存在，只不过是凤毛麟角。所以，这种上品的婚姻是一种选择，是一种机遇，是一种刚刚好的遇见，并不是经营而来的。凡是需要经营的婚姻，就需要耗费不少的精力。因为经营就需要用心，就可能需要为了一个人而改变自己，或者说为了更好地走下去而试图改变别人。

如果不是因为太爱一个人，又有谁愿意改变自己呢？毕竟做了这么几十年的自己，强行去改变自己是很难受的事。在我的身边，不缺乏为了一个人，为了爱情，为了一份婚姻而改变自己的人。这样的人，这样的感情，虽然值得我们尊重和敬畏，但毕竟在这份感情和婚姻当中，有一个人在委曲求全，双方可能难以做到轻松与和谐地相处。所以，好的婚姻是选择来的，而不是经营来的。

## 7.2.2　如何选择你的另一半

如何选择自己的另一半是很多人关心的问题。我结合自己 6 年的相亲和婚恋经历，跟大家分享自己的心得体会。理想的婚姻是选择来的，需要在对的时间遇到合适的人，这样的婚姻叫"天作之合"，任意一方都无须委曲求全、费心经营。但是这样的"天作之合"可遇而不可求，很多人等了一辈子也没有等到意中人。那么，回归现实生活，我们该如何找到适合自己的另一半呢？

首先，要充分地认识自己，很多人由于没有认清自己，所以对另一半的描述也是不完整的。

究竟该如何认清自己呢？我认为可以从以下几个维度进行分析。第一个维度是认清自己的性格特点、优势和劣势。每个人都有自己的长处和短处，因此当涉及自己认知外的事物时要谨慎判断，切不可盲目选择。第二个维度是认清自己的需求。问自己一个深刻的问题：我为什么要找另一半？是为了找个人陪伴、找个人爱自己，还是为了经济利益？根据我的婚恋经历，我认为找另一半应该是为了更好地认识和改变自己。因为没有婚姻生活，你对自己的认识便缺少了至关重要的"镜子"，你难以看清自己的真正面貌，而好的婚姻能帮你全方位地认识到自身的不足从而做出改变。

以我为例，我是个不善交际的人，虽谈不上社交恐惧，但社交能力确实很弱。结婚后，因为妻子喜欢出国旅游，我就试着自己策划出国的行程，包括安排酒店、租船等。在一次澳洲之旅中，我们去了很多的海岛，其间要联系多个船运公司、的士公司和直升机公司。沟通期间，打电话基本要用英语。虽然我英语水平不高，但是为了爱人能够实现游历各国的梦想，我经常鼓起勇气尝试着与国外各行各业的人沟通。

印象最深的一次是在国外某个机场，当时我们带了很多行李箱，到机场前我们也认真查阅了航空公司托运行李的相关规定，确认自己的行李没有超重，结果到机场检票时，航空公司却说我们的行李已经超重。当时由于时间比较紧急，而且我们的行李重量符合规定，我便用英语跟办事人员辩论，最后航空公司妥协了，答应给我们全部托运。后来上了飞机我才回过神，以我的英语水平，平时没办法那么流利地说出刚才那些话。

经过那件事我明白了，当你真正爱一个人的时候，从表面上看你付出了很多，但其实你得到的更多。在付出爱的过程中，你实现了超越，但超越的不是别人，而是自己。真爱能够使你直面自己的脆弱，让你在遇到问题时，正面迎击而不是选择逃避。真爱还会激发一个人的潜能。

只有全面地认识自己后，才能真正认识你的恋人。那么该如何确认对方就是你要找的那个人呢？很多人会通过颜值、性格、经济实力来评判。实际上，这些因素都是次要的。正确的做法是不要看外在条件，而是要询问自己的内心。因为真正好的婚姻一定是建立在爱的基础上的，基于其他因素形成的婚姻，一旦某个条件有变，婚姻可能就会因此土崩瓦解。

当你思考遇到的人是不是对的人时，不妨静下心来体会内心的想法，内心深处会告诉你答案。有人可能会说，男人为了讨好女人，一开始都会表现得很细心、很体贴，但是往往一结婚就变了。其实，有两个评价婚姻是否建立在爱情基础上的方法。第一，想一想在不刻意讨好对方的情况下，当两人很平静地待在一起，干非常普通的事情时，你们是否能从内心感到欢喜；再想一想两人在一起是否有说不完的话，或者即使不说话也不会尴尬，甚至能感觉到自然和舒服。第二，不要闪婚，多相处一段时间。因为很多事情，经过生活中长久的相处就都理解透彻了。经历一段时间后，看看彼此的相处氛围，看看相处过程中，感情是变得更加浓烈，还是更加淡薄。如果更加浓烈，那么你的选择就没有错。

人们常说，婚姻是人生重要的投资，也是一场"豪赌"，因为你押上了未来人生的幸福。所以，在没有认清彼此之前，不要轻易下注，时刻保持头脑冷静与清醒。最重要的是，多倾听自己内心深处的声音，它不会骗人。

### 7.2.3 "财政大权"谁掌握

谁掌握家庭的"财政大权"？这个问题是理财时经常遇到的，不同的管理模式造成的结果差别很大。一般而言，家庭资金管理模式有以下几种。

第一种是由夫妻一方主要负责，另一方配合。例如由妻子负责家庭收支的管理，丈夫把自己的收入交给妻子后，妻子用自己和丈夫两个人的收入来负责家庭的各项支出。

第二种就是夫妻俩平时各花各的钱，双方对日常支出进行简单的分配。例如把和房、车有关的支出（不含买房、买车的钱，指日常用于房、车使用上的资金）交由丈夫负责，将日常零散支出、与孩子有关的支出交由妻子负责，遇到大项支出的时候两人可一起承担。

在这种家庭资金管理模式下，夫妻俩一般会把年终奖等较大的收入投入一个家庭理财账户中，专门用于家庭大项支出。

第三种就是我们常说的 AA 制，家庭的各项支出基本都是两人分摊，一人负担一半。

对比上述几种家庭资金管理模式，我们可以看出，第二种模式介于第一种模式和第三种模式之间。从第三种模式到第一种模式，呈现出自由度越来越低、集中度越来越高的特征。那么，究竟哪一种家庭资金管理模式更加合理呢？

其实，资金管理模式没有绝对的好或者不好，最重要的是要结合夫妻两个人的理财特点来选择。如果两个人中有一个人的理财能力比较强，对金钱的收支比较敏感，而且也愿意管钱，那么第一种模式可能更合适。如果两人都不愿意管钱，那么第三种模式相对更合适。当然，如果两个人理财能力都比较强，而且还都希望管钱，那么也应该采取第一种模式。如果双方都想管钱，该由谁管呢？其实不妨轮流管，例如每个人管一年或者两年，时间一到便交权给另外一方，如此反复。这样不失为一个和谐且合适的家庭资金管理模式。

目前，我家里采取的是第一种模式，但我身边的朋友则大相径庭。我曾经结合身边的家庭资金管理案例，对以上三种家庭资金管理模式进行了研究。我认为，第一种模式更适合国人。

我国从古至今都非常重视家庭的整体性和统一性。例如，中国父母对孩子基本都是承担"无限连带责任"，不管孩子是否成家立业，潜意识里都觉得得为孩子出钱出力。而西方文化显然并非如此，到了孩子成年，父母基本就不再承担孩子的生活费用，一切都得靠孩子自己。

AA 制是近些年才从西方引入我国的，现在在年轻人中尤为流行。那么这个舶来品是否真的适合我国的大部分家庭呢？结合多个家庭的财务状况分析，我认为这个舶来品是有点水土不服的。

在我国，AA 制用于恋爱初期是比较合适的，但是结婚后，家庭不可避免地会面临着各项支出，如果此时坚持 AA 制，很容易产生矛盾。例如某个物品女方认为应该买，男方认为不应该买，在 AA 制的前提下，男方出钱的时候难免会有怨言，因此很容易发生争执。如果经常产生这种问题，还会影响感情。对于家庭来说，支出的费用和种类很多、很杂，如果每项支出都需要平均分配则耗时耗力，所以这种模式并不适合我国的大部分家庭，即使非要坚持 AA 制的管理模式，也很难坚持太长时间。

第二种模式是否更加适合我国家庭呢？其实现实生活中有不少人采用的就是这种模式，特别是那些收入较高、年终奖比较丰厚的家庭。这种模式的好处是避免了 AA 制需要频繁分配的麻烦，对于日常支出只需按照事先商量好的类别去区分。例如日常和养车有关的支出，包括车保险费、车保养费、维修费、高速费、油费、停车费、违章罚款等统统由丈夫来负责；而给孩子买牙刷、买书、去儿童乐园的费用则由妻子来承担。对于家庭大项支出，例如买车买房、出国旅游、孩子的留学基金等都由家庭理财账户负责，夫妻双方每年需要把自己的年终奖放到这个账户里，专款专用。通过这种家庭资金管理模式能妥善地解决大项支出的问题。

我认为，这种模式虽然比 AA 制更加省时省力，但相对于第一种模式，还是容易因为资金分配问题而产生矛盾。例如丈夫的年终奖比妻子高很多，丈夫就觉得自己对家庭的贡献大，虽然日常开销由两个人分别支付，但实际上家里的大项支出主要还是依靠丈夫。

换个角度想，妻子在孩子上的支出比较多，比如孩子报兴趣班的学费一般都得一两万元，一年如果报两三个兴趣班就得好几万元，那么妻子心里也可能会觉得不平衡，感觉日常支出她付出得更多。所以，这种模式长期使用很容易产生矛盾，同样不利于夫妻感情的维护。

结合以上三种家庭资金管理模式的优缺点，我认为第一种模式更适合大部分的中国家庭，也就是由相对有理财经验的一方负责管理家庭资金，然后家庭的所有收支都由他来负责，这样就能把夫妻理财模式简化为单身理财模式了。对于这种模式，许多人仍有疑惑，例如丈夫把钱都交给了妻子，那么丈夫日常想买东西时还得向妻子要钱，那不是更麻烦，更容易产生矛盾吗？

实际上，针对这些问题，通过常用的家庭理财模式也可以解决，其大致内容是交出自己收入的一方平时使用信用卡支付日常支出，然后负责理财的一方每月按时帮其还信用卡。由于一些商户无法使用信用卡，理财方还需给交钱方一笔零用钱，主要用于日常小额现金支出。对于较大额度的支出，例如几千元甚至上万元的支出都由负责理财的一方进行支付。这种家庭理财模式既方便夫妻双方日常消费，又能使家庭所有支出基本只从一方出去。这种资金由一人集中管理的家庭理财模式不仅便于统筹规划、利于集中力量干大事，同时也能保证家庭收支的公开透明，避免夫妻之间出现相互猜忌的情况。

### 7.2.4　家庭理财商谈

夫妻两人婚前都是独立的个体，相对比较自由，因此在消费理财上很容易以自我为中心，消费时常常觉得自己满意就行，但是结婚后这种情况就不复存在了。因为夫妻两人组成了一个经济共同体，在财务方面无法完全按照自己的意愿去执行，即使短期内按照彼此单身时的消费理财方式进行生活，时间久了还是不可避免地会产生很多麻烦。那么该如何妥善处理家庭理财问题呢？通常而言可采用家庭理财商谈。什么是家庭理财商谈？简单理解就是夫妻两人（当然孩子如果到了一定年岁最好也参与商谈，为了简化说明，以下只讨论夫妻两人的情况）对家里的财务问题进行商量的过程。一般而言，家庭理财商谈需要涉及以下几个事项。

第一，是家庭理财观念的统一，也就是说在家庭资金的管理上，夫妻两人不能各自为政，例如你攒你的，我花我的。两人既然组建了家庭，就要面对柴米油盐等日常支出，还有买房、买车、子女教育等大项支出，以及共同面对意外、重大疾病等一系列突发事件需要大量资金的情况。如果夫妻两人平时理财观念不统一，没有进行一定的家庭资金积累，对未来的风险没有进行相应预防，甚至对未来没有任何规划，那么当需要用钱，尤其是需要大项支出或突发支出时就会很容易产生矛盾。因为理财观念不统一而互相埋怨、互相指责的家庭屡见不鲜。所以家庭在开始理财前，首先要保证夫妻双方理财观念是一致的。理财观念的统一需要长时间的沟通和磨合。从个人的角度来看，每个人都独立生活了几十年，或多或少都有自己的思维方式，一下子就统一理财观念不切实际，需要给双方一个适应的过程，最重要的是需要夫妻双方齐心协力。

第二，为了早日在理财观念上达成统一，夫妻双方可以在日常进行小额支出时就进行商量，充分了解对方的消费倾向和理财思路。例如在挑选电饭锅、窗帘的时候，双方可以进行简单的商量。很多人觉得这种鸡毛蒜皮的小事无关痛痒，往往一个人就直接定了，这种做法虽然效率很高，但却没有充分考虑对方的想法，这与统一理财观念的本心是相悖的。因为简单的生活用品不仅涉及钱的问题，还涉及日常使用时的便携程度或个人喜好。例如购置窗帘时，妻子更喜欢有小碎花的淡蓝色窗帘，而丈夫不经商量便直接买了竹叶图案的淡黄色窗帘，最终妻子每次看到窗帘的时候都会感觉不舒服，而不舒服的原因，就是妻子觉得丈夫没有考虑自己的想法，甚至会觉得丈夫不够体贴。再如妻子对洗衣液的气味比较敏感，不喜欢常见的薰衣草香型，而丈夫看到网站上薰衣草香型的洗衣液有促销活动就直接买了很多，完全没有考虑妻子的喜好，最终妻子在每次洗衣服的时候都得忍受不喜欢的气味。

从以上反面的商谈案例中可以看出，家庭理财商谈不仅仅是对费用高低的商量，更多的是对使用物品本身的商议，往深处讲，合理的家庭理财商谈还能够提高生活质量，促进彼此感情的加深。因此在进行家庭理财商谈时，夫妻双方应当各抒己见，直接说出自己的想法。许多人往往忽视了小额支出的重要性，实际上日常中小额支出发生得最为频繁，夫妻之间很容易通过小额支出来了解对方的想法和意愿。但需要注意的是，若小额支出的频率太高，每次支出都进行商谈，这样耗时耗力，因此也可以在消费前征求对方的意见，进行最后的确认，以此来提高家庭理财的效率。

第三，对家庭较大金额的支出进行商议。夫妻双方可以约定大额支出的限额，超过这个额度时就得进行商议。常见的就是购买几千元或者一万元左右的物品前需商议，例如购买 iPad、给孩子报兴趣班。相比常见的小额支出，这种支出对很多家庭来说虽然不算大额支出，但对家庭财务状况也具有一定影响，而且这类支出的频率不会太高，因此夫妻双方可以简要地对此类支出进行对比分析，然后说出自己的意见或建议，达成一致后才支出。例如购买笔记本电脑时，双方可以先商议对笔记本电脑的需求和价格范围，如妻子的需求是性能适中、耐用皮实、价格在五千元到六千元。在了解妻子的需求后，由于丈夫可能对数码电子产品的行情比较了解，因此可以先由丈夫在网上找到几款合适的商品，再列一个简单的清单，最终夫妻两人再根据清单中相似商品的主要区别进行筛选，直至找到最合适的商品。通过这种商谈方式，夫妻俩不仅能够购买到性价比高的商品，还能促进双方理财观念的统一。

第四，对大额支出进行商议。大额支出一般指的是几万元以上的投资和消费，具体的数额可以根据家庭财务状况进行设定。

当家庭产生大额支出时，一般都需要进行家庭理财商谈。相比较大金额支出的商谈流程，大额支出的商谈流程更加细致，往往需要进行更深入的对比分析。对于大部分人来说，每年的大额支出频率不会太高。但大额支出作为影响家庭财务状况的关键因素，夫妻双方不仅需要结合当年的财务状况对其进行分析，而且还要结合家庭未来几年的理财规划一并考虑。生活中，许多大额支出会对家庭近一年甚至近几年的理财规划产生影响，例如投资股票、基金、房产等。所以在家庭遇到大额支出时，夫妻两人首先要静下心来，认真分析这项支出的必要性，以及这项支出对今后财务规划的利弊。除此之外，也可以咨询专业人士，或者询问身边有类似支出的朋友，了解如果此项支出推后对家庭长期理财是否更为有利。权衡利弊后，尝试找到多种备选方案，认真对比分析，结合家庭长期理财规划进行筛选，找出性价比最高、最适合的方案。

第五，对时间跨度较大的支出进行商议。典型的有重大疾病保险，每期保费可能只要几千元，但是往往要交十年甚至二十年，总额也是不小的数目。对于这种时间跨度较大的支出，不仅需要考虑支出数目对家庭财务状况的影响，还需要全面评估未来使用的有效性、便利性等问题。因为时间跨度大的支出其总额往往较大，所以这类支出的商谈可以按照大额支出的商谈模式，仔细找出影响因素并深入对比分析，从而找到性价比最高、最合适的方案。需要注意的是，这类支出不仅指消费，往往还包括投资。一般的大额支出可能支出金额较大，但是是一次性的，例如计划支出五万元用于出国旅游，那么等出国回来这个消费就相当于结束了。长期投入型的消费和投资与之不一样，因为要持续几年甚至几十年，所以要认真考虑未来持续投入的可行性及此项消费或投资对家庭未来财务状况的影响。例如，为了让退休后的生活更有保障，你决定从今年开始买养老保险，经过多方对比，最终选定了一个每年保费 10 万元，投入 20 年，总保费为 200 万元的一个增额终身寿险产品。那么在购买前就应该先思考以下问题。分析每年 10 万元的保费在未来的 20 年里自己的家庭是否有能力承担；如果家庭能承担，是否会造成未来现金流的紧张，导致家庭生活质量受到影响。对时间跨度大的消费或投资，关注的重点是消费或投资的持续性。例如以夫妻两人现在的收入每年承担这 10 万元的保费没问题，那么应该考虑的是：再过几年或者十几年，夫妻双方是否依然有目前的经济实力；如果家庭的顶梁柱中有互联网、高科技等人员更迭比较快的公司的成员，其会不会面临中年被裁员、降薪的问题。对于时间跨度大的消费或投资，需要考虑的因素也更加复杂，因此夫妻双方一定要提前考虑，未雨绸缪，多角度分析，从而做出合理的方案。如果在刚开始投保的几年里，家庭收入比较高，而且预期未来几年收入会增加，但岁数较大后收入可能减少，那么应该优先选择缴费期短的方案。例如 200 万元的保单，可以选择分 5 年缴清。如果夫妻二人都从事收入比较稳定的职业，在未来失业、降薪的可能性很低，那么可以选择缴费时间跨度较大的方案，例如分 20 年缴清，大大减小每一年的支出压力。

## 7.2.5　家庭理财会议

对于家庭中数额较大的支出，也可以通过召开家庭理财会议的方式进行商量。家庭理财会议应该怎么开呢？

首先，我们要明确开家庭理财会议的目的。要知道，对于普通家庭来说，一生中不会有太多次几十万元乃至上百万元的支出。一般来说，这类支出无外乎用于买房买车、子女出国留学、子女婚嫁、突发意外或重大疾病等。

细细想来，普通人一生中购置房子、车子的次数并不会很多，针对包括全部家庭成员在内的重大疾病支出发生的机会更是少之又少。事实就是如此，这些足以掏空家底的大额花销发生的次数屈指可数，可能也正是因为发生的次数太少，才会让一些人对此缺乏正确的认知和规划。

生活中我们总会看到一些有趣的情景，比如一些人看似很精明，平时几元的账都要算计半天，但是当他们面临重大支出的时候，却一反常态地利落拍板。小事上斤斤计较，大事上盲目草率，这其实是对自己、对家人不负责任的表现。面对大额支出，我们不但要做好细致的统筹规划，还要明确每一笔钱的去向，只有把钱花在刀刃上，才能创造出更大的价值。

其次，我们还需要进一步了解家庭理财会议的召开节点。一般来说，家庭理财会议主要应用于有大额支出产生或者需要应对突发事件的情况。这类情况一般事关重大，需要通过召开会议的方式听取每一位家庭成员的意见。

在会议召开之前，要做好会前准备，这个过程可能历时几个月，甚至几年。这听上去有些不可思议，怎么可能会有人用几年的时间去准备一个家庭理财会议？

实际上我们并不是真的要用几年的时间去筹备一个会议，而是说对那些有可能会改变一生的重大决策，我们应该要静下心来，用上较长的时间深入思考，分析所有的可能性，从而做出最合理的选择。

举个例子，假设你打算五年之内购置一套学区房，这个计划势必要产生一笔不小的支出，围绕这笔钱的使用及这套学区房的选择，就应该组织召开家庭理财会议进行讨论，平等地听取每一位家庭成员的意见，最后得出一个切实可行的方案。

对于特别复杂、占家庭总资产比重较大的支出，则更需要在会前做好充足的准备，会议的组织者要对整项支出计划做到心中有数，准备好相关资料，如对比图表、PPT、便于家庭成员理解的影像资料等。

在家庭理财会议中，还需要设置一个主介绍人，这个人通常是对消费对象或者即将投资的项目有着深入了解的人。比如一个家庭中，丈夫对车比较了解，那么与买车相关的会议就可以由丈夫担任主介绍人。

主介绍人是会议的核心，需要对即将产生的家庭开支做出详细的介绍和讲解，主要内容包括：需求分析、财务分析、可行性分析、可选项的对比分析等。

当主介绍人阐明上述内容后，就可以过渡到讨论的环节。通过讨论，夫妻双方各自表达对这项支出的看法，分析现阶段家庭资产的配置情况，讨论是否还有更优的方案等，最后得出结论。

不过，很多大额支出的背后有着众多庞大、烦琐的体系，并不是通过一次会议就能得出结论的。但可以通过会议讨论的方式找到后续的调研方向，再不断召开会议，最终形成决议，得出最优解。

行文至此，可能有人无法理解，为什么一个简单的家庭理财会议搞得比企业年度会议还要正式？对于这个疑问需要进一步解释一下。虽然从前面的介绍来看这个家庭理财会议很正式，但其实真正落实到生活中的时候是很灵活的。

以我家的家庭理财会议为例，多数是在午觉过后的闲谈中进行的。除此之外，还有在海边度假，享受海鲜大餐时召开的会议，整个过程非常轻松惬意。虽说理财是一个严肃的话题，但是生活却是生动活泼的，基于日常生活的家庭理财会议自然也应有温度，带有独特的人间烟火气。

## 7.2.6　家庭记账和家庭会议

家庭理财和个人理财一样，离不开记账。记账是理财的基础，只有完成日常一笔笔消费、收入的记账，才能知道钱有多少，怎么来的，怎么花的。这有利于我们制订财务规划。

家庭财政大权分配的三种模式中，第二种模式和第三种模式就不太适合记账，那需要夫妻两个人都认真完成自己收支项目的记录，再合并在一起，这显然比较麻烦，较难实现。而第一种模式就容易多了，基本上可以由"掌权人"完成记账，另一方配合即可。这是因为收支基本都发生在"掌权人"这，等于把夫妻双人模式变成了单人模式，记账也就容易实现了。

实现记账只是第一步，关键在于后续的分析工作。我们应该对历史收支情况进行对比分析，找到一些关键节点。具体应该分析什么数据呢？我认为，一是要分析收入情况。比如以半年为单位，统计半年来家庭收入总额、收入来源，以及每项来源分别收入多少，对比去年同期变化幅度是多少，为什么会产生这样的变化等。二是需要进行消费支出分析。如衣食住行、孩子相关、人情往来、旅游度假、消费类保险等，以半年为单位，统计这些项目总共支出多少、每项分别支出多少、同比变化多少、产生变化的原因等。三是投资支出分析。如投资类保险、房产投资、黄金投资等，以半年为单位，重点统计这些项目的总支出、每项支出、同比变化情况，并分析为什么会产生这样的变化等。四是大项支出分析，如买房、买车等，这些项目支出的数额较大，资金来源可能比较复杂，比如涉及之前到期的理财产品的赎回、保单贷款、银行贷款等，要将这些内容一一列出来，对大项支出的细节做到心中有数，避免模糊不清。

我们不妨准备家庭大项支出的分析文档，里面包括家庭大项支出的具体情况。例如，什么时间支出多少钱、钱从哪里来的，如果是借款，那么利息是多少、什么时候还款等。我们应该将和大项支出有关的资金流动情况都记录在文档里，以备后续查看、分析。

在简单的统计分析后，我们还要进行较深层次的分析。例如，当我们分析了消费支出的同比变化情况，还可以进一步分析哪项消费支出可以压缩。当我们发现车辆的维修保养支出比较高后，可以考虑用去品牌专修厂维修保养代替去 4S 店维修保养，这样可以省下不少开支。实际上，4S 店维修保养收费的大头就是人工费。例如我的一辆车，同一个保养项目，在 4S 店人工费为 2 000 元，但在品牌专修厂接近于零。某次，对同一个维修项目，我先咨询了 4S 店，人工费报价 6 000 元，但是在品牌专修厂才收 200 元。差别不可谓不大。

我们想要压缩支出，就要发现新的替代渠道。其实，任何经济活动都是这样的，当你找不到更好的替代品时，就是找到最优的产品了。

例如，我们发现与孩子相关的消费数额激增，仔细查账后发现是兴趣班的支出大幅增加导致的，我们不妨思考一下那么多兴趣班是否都有必要报，一些课程孩子上了之后感觉效果不好，是否还需要继续，抑或同一类兴趣班中有没有性价比更高的选择。

我们分析家庭收支情况，不仅是为了压缩支出，还可能有多种目标，比如我们有没有可能通过分析发现某项支出过低或者说降低过多，有必要提高该项支出来提高生活质量？这是有可能的。例如，我给家里一些常见支出项目设置了"最低线"，如果消费过少，连这个最低线都没达到，说明这类消费被某种原因耽误了，应该调整。例如，我通过对比发现妻子的服装支出大幅减少了，没有达到最低线，那么我会带妻子去逛街买服装。我通过对比发现旅游支出过少，那么也会尽快组织家人去旅游度假。请记住，银行的账我们不想欠，生活的账也同样不要欠。

进行对比分析后，应该定期召开家庭会议。建议大家以半年为周期，召开家庭会议，对家庭财务的情况进行通报，包括收支情况、对比分析情况等。随后，家人共同讨论下一步计划，比如从哪方面增加收入，如何压缩支出或者增加支出来提高生活质量，投资的结果如何、是否存在问题、下一步怎么调整等。尤其要对一些长期规划的执行情况进行审视和调整。比如五年前制订了一个分二十年缴费的保险计划，现在五年过去了，我们可以看看当初的计划是否合理，根据当前家里的实际情况，分析是不是应该继续执行计划，还有没有需要调整和补充完善的方面。这样的操作，在保险支出分析中尤其应该执行。因为好的保险规划不是一步完成的，而是长期在动态中调整平衡的。

此外，年度会议中还要审议上次年度会议的决议执行情况，看看执行是否到位，执行的效果怎么样，是否需要调整等。这样的年度会议，实际上是对家庭财务的重点审计，是不断优化的过程，绝不仅仅是通报日常收支情况这一件事。


### 7.2.7　梦想清单

夫妻双方作为两个独立的个体，在消费方面会各自拥有自己心里最想实现的愿望。例如丈夫想买一辆喜欢的车，妻子想去法国旅游。但是家庭的决策需要兼顾夫妻整体的需求，更关键的是要充分考虑家庭长远资金规划与个人梦想之间的关系。不能为了圆家庭中任何一人的梦想，而将家庭财务状况推向危险的边缘。尽管电影中有此类夸张的情节，但现实中我们尚需综合多方面考量，寻找解决问题的最优方案。

　　梦想清单可以出色地解决这个问题，为我们找到最优解。怎么制定梦想清单呢？简单来说分两步，第一步是夫妻双方将各自近几年最想实现的梦想写下来，第二步是夫妻双方充分讨论，结合家庭当前的实际情况和长期规划，在尊重对方梦想和意见的前提下，制定出合理的家庭梦想清单。

　　例如，丈夫小王和妻子小李有一百万元的闲置资金，夫妻双方根据自身的喜好，制定了一个梦想清单，如表 7.2-1 所示。

表 7.2-1　梦想清单

| 丈夫小王 | 妻子小李 |
| --- | --- |
| 买一台野马汽车 | 还清娘家的欠款 |
| 买一台佳能相机 | 偿还房屋贷款 |
| 和妻子去澳洲旅游 | 给丈夫买车 |
| 上潜水课 | 为父亲治疗牙齿 |
| 偿还房屋贷款 | 出国深造 |

　　两人交换了梦想清单后，丈夫因自己的梦想都是从利己角度出发的，而妻子的梦想皆是为了家庭和谐而感到羞愧。妻子也解释道，结婚时为筹备婚礼，在与丈夫商议后决定由母亲出面向妹妹暂借资金周转，婚后夫妻一同偿还，但婚后这件事情便被搁置。经过耐心的商讨，夫妻两人重新制定了整个家庭的梦想清单，如表 7.2-2 所示。

表 7.2-2　梦想清单（修正）

| 家庭 |
| --- |
| 偿还房屋贷款 |
| 偿还娘家欠款 |
| 为小王买辆二手车 |
| 小李读研究生 |
| 海外旅行 |

对小王、小李来说，婚房的贷款数额较大，每月还款压力大影响了生活质量，再考虑到未来还有孩子的日常开销及学习支出，提前偿还部分房贷迫在眉睫。而欠妹妹的钱，婚前已协商完毕，也需优先偿还。夫妻两人梦想清单中都列出了给丈夫小王买车这一项，且小孩出生后用车的需求较大，但考虑到偿还债务后剩余资金不多的状况，无法购置完全令丈夫满意的车辆，因此讨论后决定买辆二手车，省油而且保养费低，资产转换时也利于变现。接着再考虑妻子个人教育的问题，对于当代年轻人，学习是提升自我价值的一个重要途径，丈夫小王对此也给予支持，所以将这项支出列在了家庭梦想清单的第四位。最后才是奢侈性消费支出，但是这项消费的刚需性不强，二人决定在前面的愿望都实现的基础上才考虑海外旅行。如此，二人便有了统一的奋斗目标。人需要有明确的目标才能有快速前进的动力，家庭理财也是如此，没有明确的目标，从赚钱到理财缺乏动力，也就失掉了灵魂。

## 7.2.8　你不知道会议

你不知道会议，初听此名，可能会感觉奇怪，实际就是袒露心声的家庭理财会议。其形式具有趣味性，可以作为家庭理财沟通的一个有效方式，所以此处单独介绍。

选择一个宁静的夜晚，夫妻双方约定好彼此言明自己内心深处的愿望（财务方面的），双方首先要无条件地认真倾听彼此的心声，然后再一起讨论。

例如，丈夫小王说自己一直渴望拥有一个明亮宽敞的房屋，妻子对此则不认同，认为房子不能只考虑空间的大小，还需综合比较位置、保值增值等方面的问题。后来丈夫敞开心扉说出自己的理由。小时候他家庭条件不好，五次搬家都住在狭窄破旧的出租屋，每晚与哥哥挤在一张小床上，毫无私人空间。当时他便暗自发誓将来要住进宽阔敞亮的大房子，有自己的卧室和活动空间，还要在外面的阳台上种上喜欢的花。大房子承载的是他从小对家的向往。听完丈夫的话，妻子终于理解了丈夫为何执拗于买大房子。后来，他们果真在郊区买了一所宽敞的三居室房屋，丈夫有了自己的房间，实现了童年时在阳台种花的梦想。妻子说，即使这套房未来不一定保值增值，但是它承载了一个家庭的欢乐，实现了丈夫多年的梦想，便已是物有所值。所以理财的目标是多元化的，理财的宗旨是服务于人而非数字。部分人认为理财就是使账户上钱的数目越来越多，这是极其狭隘的认知。理财的本质是为了享受更加美好幸福的生活，而不是为了追求一个更大的数字。

另一对夫妻也在夜深人静的时候向对方诉衷肠。妻子小刘说，自己与丈夫结婚是因为看重丈夫的责任心和顾家观念，但是结婚后丈夫以工作为主，即使周末也加班，没空陪自己。最初丈夫工作换取的丰厚报酬为她带来了一丝喜悦，但是有了孩子后，维系家庭的重担和孩子的日常抚养任务都落在她一人肩上，即使丈夫工资高，幸福感却不升反降。丈夫对此说出了自己的心里话：自己并非工作狂，周末加班是因为妻子计划生二胎，又希望换到更宽敞的房子，所以自己努力赚钱，期待能早点实现妻子的梦想。妻子听完了满眼泪花。后来夫妻两人经过商量决定丈夫减少周末加班，尽量多抽出时间陪伴家人；妻子的换房计划可以降低些许标准或者延后。

通过上例，我们不难看出，夫妻之间深层次的交流沟通对理财而言至关重要，如果两人在起点处就面朝错误的方向，越努力奔跑也只会离幸福的终点越远。

# 7.3　子女财商教育是守住千万资产的金钥匙

有句俗语叫"富不过三代"，究其原因是家里有了钱之后，子孙后代就没有艰苦奋斗的动力了，只想着坐享其成，如果到第三代还是这样，那么家产也就败得差不多了。当然，也有很多家族，尤其是国外的很多家族传承做得非常好，家产不但没有败光，而且财富积累得越来越多，下一代在上一代的基础上又打下了新的江山。所以说，富可以过三代，关键在于对子女施加良好的财商教育。

## 7.3.1　子女财商教育的重要性

目前的学校教育更多的是倾向于知识教育，而且所教授的知识很多还停留在多年前，例如很多大学的计算机课程知识还停留在十年前，殊不知在计算机领域只需三五年时间就可能完成知识的更新。所以，把希望寄托于学校教育，结果只能得到基本的获取知识的技能和方法，很多具体的人生知识必须要自己感悟，或者受家庭熏陶，这就是家庭教育的重要性。为什么演艺圈人士的子女更倾向于从事演艺工作？从政家庭的孩子不一定当官但很多人也会步入政坛。其实这主要是言传身教和家庭熏陶的结果。

当代社会十分缺少的教育其实是财商教育，很多家庭根本没有财商教育的意识，甚至提供了错误的财商教育。理财是每一个现代人都应掌握的重要的生活技能，同时也是幸福生活所必须具备的技能。有人错误地认为只要挣得多，根本不需要理财，挣多少花多少就行了。其实不然，拳王泰森在事业的鼎盛时期，赚得盆满钵满，可以算得上是大富翁，但是他完全不会理财，挣一个花两个，甚至沾染上赌博的恶习，到后期还胡乱投资和举债，最后落得破产的境地，不得不重新出山打拳赚钱，而这个时候他的身体已经完全不具备拳击手所应具备的基本条件了，拳王的后半生不可谓不悲惨。还有很多我们耳熟能详的曾辉煌一时的影星，在中年、晚年时期因完全不懂理财，最终落得一个"晚节不保"的结果。所以说，学会理财对每一个人都很重要。

学校大多没有开设专门的课程体系，连基本的财商教育课都很少开设，这就需要父母有意识地从小培养孩子的理财观念。例如，在我的儿子出生后，我专门为他写了本理财书（当然并不是为了读给他听，而是我和他妈妈按照书里面的要点去做和要求他去做，把财商教育渗透他的日常生活中），在孩子向爸爸妈妈要玩具、和小朋友们交换玩具、怎么延迟获得满足等不起眼的小事中，逐步向孩子渗透理财知识和正确的理财观念。我们从孩子不到 1 岁的时候就开始对他开展财商教育，现在孩子刚 4 岁，他就已经可以非常好地管理自己的物欲了，最起码不会不断向爸爸妈妈要玩具、礼物，而是知道在什么时候、什么条件下能够得到礼物，如果条件不成熟就不能得到礼物。这其实就是理财的开端，别小看孩子从小培养的理财习惯，很多人到了成年之后，依然控制不了自己的物欲，就是冒着被"剁手"的风险也要买，结果买了一堆平时用不到的东西，完全不顾自己的消费能力能不能支撑这种购买欲。这样的人只会距离财富自由越来越远。

## 7.3.2　怎么对孩子尽早开展财商教育

让孩子早点接触钱的概念绝不是坏事。既然钱是所有人一生之中都必须面对的话题，那么为什么要逃避这个话题呢？及早明白一些基本的理财原理，对于人生的成功很有助益。问题是如何轻松带孩子进入理财世界。这里我告诉大家几个小妙招。

第一，从孩子关心的玩具入手，慢慢给他灌输钱的概念。例如，孩子在公园里看到一个喷水枪想要买，此时可以告诉他，如果回家买，同样的价格可以买两个，而且图案任选，甚至可以买到他喜欢的变形金刚、奥特曼等玩具，但是在公园里选择的余地就很小，而且还只能买一个。通过这样的循循善诱，孩子会选择回家购买，等孩子回家后，父母就可以告诉孩子为什么没有在公园给他买那个喷水枪。因为在那里买一个喷水枪的钱比在家通过网络购买两个喷水枪都要贵，在家里购买，不但可以买两个，而且还可以自己选喜欢的图案，多余的钱还足够买几张奥特曼卡片。孩子会非常高兴和满意，因为他不仅可以拥有两把喷水枪，还选了自己喜欢的擎天柱和大黄蜂图案，此外，他还得到了奥特曼卡片。相信自此以后，孩子就不会在公园要求买这些东西了，就算在公园售卖处看到自己喜欢的玩具，也会要求父母回家通过网络购买。所以，财商教育不能等到孩子上学之后，甚至成年之后才开始，那样就为时已晚了。财商教育和语言教育一样，越早开始越好，早日形成正确的理财观念，会让孩子终身受益。

第二，经常带孩子去超市。很多人说，超市里乱哄哄的，孩子还会要这要那，哪里有什么好。其实，财商教育的关键就在于如何处理孩子"要这要那"的问题。在孩子要某样东西的时候，首先你得让他认识那个是什么东西。我一般会把孩子选择东西的中文、英文名称都告诉他，并让他跟着读，这也是一个认识物品和语言学习的过程。然后我会告诉孩子这个东西的价格，再逐步过渡到让孩子自己学会看价签，比较哪个贵、哪个便宜，这同时又是数学教育的过程。最后我再告诉孩子为什么在同类商品中选择我们要买的那一款。比如，在买洗发水的时候，为什么要买这个牌子的这一款，通过这样的教育让孩子明白性能和价格的关系。虽然可能一开始孩子会有点犯迷糊，但是时间长了，他会逐渐明白其中的性价比概念。通过逛超市这样的事情，我逐步告诉了孩子买食品的原则是什么，买耐用消费品的原则是什么，买日化用品的原则又是什么，这里面充满了理财的各种原理。购物其实就是交易，而交易就是理财。我们就是要从生活中的一点一滴去教授孩子理财知识。

第三，召开家庭理财会议。在有孩子之前，我和我爱人就经常召开家庭理财会议。除了定期召开半年和年度的理财会议，通报半年、全年家庭理财情况以外，我们在买房、实施重大投资项目计划前都会开家庭理财会议，等取得一致、找准方向后，再去逐步实施。在有了孩子后，我们每一次家庭理财会议，特别是针对重大投资、理财项目的决策，都会带着孩子一起开。我还特别清楚地记得，孩子在 6 个月大的时候就参加了我们家庭要买房的一个投资决策会，当时我通过 PPT 展示了项目的前景、购买的计划与建议，分析了购买的利弊并对损益进行了判断，孩子听得非常认真，就好像他能听懂一样，这也给我的理财带来很大动力。我相信，假以时日，他会超越自己的父亲，在理财领域上攀登到更高的山峰！

第四，带上孩子参加各类金融机构的讲座。在我孩子不到 1 岁时，我就带他到银行去办理业务，让他听理财顾问的讲解。虽然一开始他可能不懂，但慢慢地就会形成感性认识。从刚开始对银行里的东西比较好奇，到后来逐渐认识了现金、银行卡、U 盾等。在这样的环境熏陶下，他会更形象、更清晰地认识到金钱的概念。

### 7.3.3 子女财商教育的误区

切记，理财可不仅是处理钱，所有跟管理资产有关的都是理财。对于孩子来说，管理他自己的绘本、玩具是不是理财？当然是！而且要顺着这个思路帮他明晰更多财务的概念和理念。比如可以在什么时候、什么条件下把不要的玩具送人或者变卖，怎么变卖，能不能跟小伙伴以物换物，怎么交易等，这些都是在进行财商教育。记得我小的时候，家里没什么多余的钱给我买玩具或者其他物品，我就喜欢和别人交换自己的东西，用我妈妈的话说"总是在五马换六羊"。可神奇的是，正是在这样的交换中，让我收获颇丰。在玩洋画、贴画的那个时代，我有三抽屉的洋画、贴画；在收集漫画书的时代，我收集了两柜子的漫画书，圣斗士、七龙珠、阿拉蕾、怪医秦博士、机器猫等当时很火的漫画书，我都凑齐了全套。别小看以物换物，这种交换背后蕴藏着深刻的经济学原理和理财思路。任何技能都是通过一点一滴学习和实践积累的，理财也不例外。如果你从小不接触、不学习，难道要等到工作后才想起来亡羊补牢？

现在市场上不少理财书说最好的理财方式是给孩子开个自己

的银行账户自己管理，其实这是缺乏根据的。之前没有理财知识的积累，孩子自己能管好账户？这只不过是虚无缥缈的想象罢了。只有从孩子小时候开始，在生活的一点一滴中给他灌输理财的观念并让他亲身体会、实践，等到他长大的时候，他才有可能管理好自己的银行账户。就像刚出生的孩子，还不会走路，就让他去奔跑是不现实的，那样不跌得鼻青脸肿才怪！所以说财商教育，一是要抓早抓小，二是要渗透生活的点滴，三是要孩子亲身实践，四是要带他总结方法、提炼理念。有了这些铺垫，才能让孩子在今后的理财道路上走稳走好。

## 7.4　通往财富自由路上的坚守

为什么要实现财富自由？一个重要目的就是在财富自由后能随心干自己想干的事业，当然也是为了给家人一个好的物质环境。那么，当我们迈入了财富自由的初级门槛时，是否还需要继续跑下去呢？答案是不一定。当然你可以继续跑下去，奔向下一个财富自由的阶段，但在这里我想提醒各位的是，要注意自己为了什么出发。

## 7.4.1　干自己喜欢的事情或事业

每个人的行为都是有惯性的。有的人给自己施加了太大的压力，在工作上习惯了往上爬，谋取更高的职位、赚更多的钱；在投资理财上也是赚得越多越觉得自己穷，恨不得一下子就成为亿万富翁。这都是错误的财富观。当你回想自己当初为什么出发的时候，会发现自己不是为了职位或者金钱，而是生活本身。所以，在我们取得了初步的成功后，不要急于奔向新的目标，应该要学会享受成功的果实和惬意的生活，这非常重要。不要奔跑到了最后，身体为了挣钱而累垮，连享受的力气和时间都没有了，这是多么可惜、可悲的一个事情啊！所以，我们倡导理财不是追求一个关于财富的数字，而是通过理财更好地改变生活，提高生活质量和体会不一样的人生。这才是我们理财的初衷和目的。钱，不是！

一年有春夏秋冬四季，春天播种、夏天劳作、秋天丰收、冬天闭藏，这是一个自然的循环。理财也是一样，要一个周期一个周期地来，不能总在播种，总在劳作，那什么时候享受，什么时候闭藏休息呢？违背自然规律就会受到惩罚。所以我们要提醒自己，在理财的过程中一定要平衡好财富积累、升值与享受生活的关系，不能只偏向一端。要学会犒劳自己，阶段性地给自己一点甜头，让自己品尝劳动的果实，这样才会有更大的力气去开拓新的未来。

　　所以说，我们达到了财富自由的初级门槛后，可以干点自己想干的事情，不仅仅是享受生活，也许在其中发现机会，很可能会迎来事业的第二个高点。

## 7.4.2　健康是最大的财富

　　在追求财富自由的道路上，很多人拿健康作为代价来交换金钱，这就是人们常说的"拿命换钱"。在年轻的时候，可能我们的身体素质很好，觉得健康是个"普通品"。等奋斗到一定阶段了，发现身体各处都亮红灯的时候，才知道身体出现了状况，这时候想恢复如初就很难了，而且需要花大量的钱，可是很多时候都是想换而不得，健康成了真正的"奢侈品"。因此，我郑重提醒各位，在实现初步财务自由的路上，一定要注意身体，"身体是革命的本钱"，钱可以慢慢赚，但身体损伤了就不可逆了，花再多钱也难以挽回。那些已经赚到了千万资产，迈入初级财富自由门槛的各位朋友，就更得注意保养身体了。第一，留着好身体去享受好不容易赢得的胜利果实。反面的例子不胜枚举，我的一个好友，没挣到钱的时候梦想是实现财富自由后环游世界，但真到了有钱的时候，他的身体已经透支到不能乘坐长途飞机了，还谈何环游世界？所以我们一定要在平时注意保养自己的身体，庸俗一点说，就是为了享受也得有身体的本钱。第二，健康是最大的财富。迈入初级财富自由门槛的各位大都是家庭的中流砥柱，都处在上有老、下有小的阶段，这时候家庭生活的确需要钱，但家人也需要自己的陪伴，如果因为拼命挣钱而累垮了身体，对于家庭来说是天崩地裂的损失。第三，实现下一阶段的财富自由需要健康的身体作为保障。在通向更高层级财富自由的台阶中，越往上越难，想要比别人取得更大的成功，就需要更多的付出。所以，没有一个好身体是不可能的。

如何保持健康的状态？可以从以下几个方面入手。

第一，保持良好的心态。实现财富自由的过程应该是一场马拉松，而不是短跑比赛，千万不要急功近利。有的人着急赚大钱，赚了一千万元还想挣两千万元，恨不得早点到十亿元、百亿元，结果可能刚步入一千万元的门槛，就因为投资失误资产大幅度缩水，多年辛苦化为泡影，只能从头再来。有的人在赚钱致富的事情上有大将风范，不急不躁，稳扎稳打，在拥有了第一个一千万元后，平稳布局再向两千万元进发，等到了财富超过大多数人的时候，还是不急不躁地慢慢前进，心态平和地再进行新的资产配置。所以说心态非常重要，越是着急赚钱，反而越容易出现大的失误。如果把注意力集中在事业上，降低对金钱数字的敏感度，专心做好具体的投资，赚钱反而没那么难。

第二，保持良好的人际关系，特别是和家人的关系。这是健康的关键。很多人对健康的理解存在误区，片面地认为健身就是保持健康的最佳方式，殊不知身心和谐对健康的影响更大。如果光练了一身肌肉，但成天生气、见谁跟谁发火，那身体肯定好不了。还有很多人对旁人特别亲切有耐心，对自己的家人却态度恶劣，结果家庭关系一团糟，夫妻关系、亲子关系都亮了红灯。俗话说"家和万事兴"，如果整天因为一点家庭琐事就吵得火冒三丈，身体怎么能好？人类身体的很多问题都来源于情绪。所以，就算是为了自己的身体健康，也要改善和家人的关系。改善家人关系时，不要试图去改变别人，而是通过改变自己去影响别人。这个道理适用于所有的人际关系。

　　第三，保持良好的运动习惯。很多人更注重饮食，把过多的精力放在吃什么能让身体变好上，但这种观点又陷入了保持健康的另一个误区。现代人特别是居住在城市的人，缺衣少食已经不是主要问题，吃得太多，特别是肥甘厚味吃得太多成了新的问题。所以，对于保持健康我们不是要做加法，而是要做减法。减去什么？减去身体富余的东西，减去堆积已久的毒素。靠什么减呢？靠运动。运动本身不会增加能量，但是因为运动，人们吃得更有胃口、睡得更香。现代人大多很少从事体力劳动，不运动，一年到头都很少有出汗的机会，怎么能实现"排出毒素，一身轻松"呢？当然，运动也要适度，有句古语说"汗为心之液"，意味着汗也不是出得越多越好，特别是不要一次运动就弄得大汗淋漓。在冬天，是讲究闭藏的，要注重封藏，而很多人在冬天去打开自己的身体，例如，过度跑步、冬泳，这都是对身体的伤害而非锻炼。在此，我也向大家推荐太极拳这项运动。我有幸师从太极拳泰斗杨松泉先生，学习了两三年太极拳，虽然还没完全入门，无法透彻领会太极拳的精妙，但深感太极拳对引导气血是非常有效的，建议大家有条件的尽早学习。

第四，保持合理的膳食。现代人吃得不是不够，而是吃得过多。很多人认为身体虚，需要补，但很多人的身体都不是虚症，而是实症。什么叫实症，按照中医的理论，实症是身体有了不应该有的东西，比如结节。现在很多年轻人才 20 多岁就有了诸如甲状腺结节、乳腺结节之类的问题。而结节其实就是身体代谢不了的垃圾、毒素凝结而成的痰饮、痰块。所以，在这个病变进程开始之前，我们就要改变生活习惯，除了保持良好心态、改善人际关系和加强运动之外，饮食也很重要。一定要减少肥甘厚味的摄入，因为这些物质很难被人体代谢，特别是经常感觉身体疲劳的人，根本原因不是缺少营养，而是气血不足，这个时候不能一味地补充营养物质，因为营养物质虽好，但需要消化之后才能转化成人体所需的有用的东西。就好比大家所熟知的喝水能排毒，其实是以偏概全。什么人喝，什么时候喝，怎么喝，喝什么水，这都和喝水的结果有关系，不能说喝水就能排毒。水不是喝进去就行了，它必须能变成体液才能发挥应有的作用，而这个变化的过程需要身体提供足够的能量和相关条件。明白了这个道理之后，我们就不会总想着吃，而是会聚焦怎么合理地吃。

合理膳食，老祖宗的经验能派上大用场，《黄帝内经》里说得很明白，"五谷为养，五果为助，五畜为益，五菜为充"。五谷是生命的基础，很多年轻人为了减肥，不吃主食，只吃水果，这是不合适的！那减的不是脂肪，而是自己的气血能量，等有一天气血能量到了很低的水平，想胖也胖不了了，因为身体已经到了相当差的程度，再想恢复可就难了。很多人因为减肥得了厌食症，厌食症的病因就是减肥把身体的气血消耗得差不多了，脾胃已经没有足够的气血去消化食物，人体正常的本能反应就是不愿意再吃了，因为吃进去也吸收不了。所以主食一定要吃够，这是所有营养的基础。不吃主食，用辅食代替，是本末倒置。五果为助说明水果只能起到帮助的作用，五畜为益说的是肉类起到的是补益作用，五菜为充说的是蔬菜提供补充作用。现在很多人为了瘦身，一天就吃点水果，在营养补充方面真是捡了芝麻，丢了西瓜。另外，一定要适当吃些粗粮，《黄帝内经》对应年代的主食与现代的精米精面不同，以粗粮为主，混合部分细粮。很多人只吃好吃的细粮，将含有很多营养的粗粮丢弃了，这实在是非常可惜。如果有条件，最好买一些未深加工的粮食长期搭配着吃。

第五，坚持定期进行全方位的体检。人吃五谷，难免生病，很多病刚开始并不可怕，可怕的是得了病自己还不知道，等到病情发展到一定阶段就较严重了，治疗的难度和代价很大，所以治病要趁早。《扁鹊见蔡桓公》里面说的就是这个道理。


# 7.5　遗产传承的问题

很多人认为遗产传承是等到年纪大了之后才考虑的问题，但其实不然，提早布局遗产传承并没有坏处。对于实现财富自由的人来说，很可能会给子孙留下一笔可观的财产。中国人的家族观念很重，作为家长，总希望能给孩子留下一些财产，能够帮助子孙后代过得好些、过得轻松些。所以遗产传承是我们绕不开的一个话题，与其晚考虑、被动考虑，不如早考虑、主动考虑。

那么，遗产传承具体需要考虑什么呢？我认为主要有两个方面：一是遗产传承、分配的方案；二是通过理财规划使得遗产能以最优的形式传承，达到利益最大化。


## 7.5.1　遗产传承方案

以遗书的有形形式来把自己的遗产传承方案记录下来，是最保险的。一是自己万一发生突发情况，遗产可以直接由家人使用；二是可以方便自己对自己的财产有清晰的认识，有助于从鸟瞰的角度审视自己的财产；三是方便动态调整遗产方案，比如在遗产传承前发生了较大的资产变动，遗书的内容就可以随之调整。

遗书里关于和家人告别的部分我们就不说了，重点说遗产分配这部分。如果只有一个继承人，那么一般不会涉及财产分割，遗产传承方案基本就是罗列财产，告诉家人都有什么财产、怎么获取就可以了。很多人对这一点可能不理解，认为家人还能不知道有多少财产吗？其实真不一定。很多财富自由人士的投资是多元化的，家人可能不了解所有的资产配置，或者对具体如何取得资产的收益权不清楚。比如，海外的房产如何过户、怎么变卖，存在国外银行的资金怎么取回，等等。还有更特殊的，立嘱人名下在海外的外汇保证金怎么取回？这些问题都比较复杂，需要立嘱人在遗书里交代清楚。如果有多个继承人，还涉及遗产的分配建议问题。

## 7.5.2　遗产理财规划

遗产理财规划比简单的遗产继承更为复杂，涉及的知识面也更广。在此，限于篇幅，我只简单介绍。对于那些达到了很高层级的财富自由的人士，遗产理财规划值得认真考虑。从通常的遗产理财规划来说，需要考虑以下几个问题：一是怎样使利益最大化，二是怎么使传承更为方便，三是如何控制遗产使用人使用遗产的方式，以达到收益最大化的目的。

我们要学会使用一些遗产传承的工具来达到理财规划的目的，其中最重要的就是保险。在西方社会，通过保险传承财产是非常普遍的做法。目前，国内还没有开征遗产税，所以很多财富自由人士还没有认真考虑过这个方式。但实际上，在某些领域已经有类似的税费了。例如房产交易，如果通过继承的方式从父母那获得了房产，将来再转卖的时候要缴纳 20% 的个人所得税（继承人卖房时房屋满足满五唯一的条件才可以免征，但一般来说此种情况不多），这也算得上是某种意义上的遗产税了。而如果我们提前规划，就能发现父母将房产传承给孩子不只有继承这条路，还有其他两个途径：赠与或者交易。但是赠与的话，比继承反而多了 3% 的契税，后期子女再交易的时候也要缴纳 20% 的个人所得税（继承人卖房时房屋满足满五唯一的条件才可以免征，但一般来说此种情况不多）。

当然，还有一种方式更直接，就是父母在晚年将自己的房子出售，然后拿卖房钱再重新购置房子，所有权人直接定为孩子，父母仍然可以在新购置的房子里居住，等到过世后，孩子作为房屋所有权人可以选择自住或者出租、变卖。

由此可见，财富的传承规划越早谋划越好。上文举的是房产交易的案例，如果以后国家开始征收遗产税，那么就更应该学习有关知识，及早进行布局。在共同富裕的目标下，遗产税的开征并不遥远，因为向资产较多的家庭征收遗产税，是调节财富社会分配的重要手段。目前，市场上一些保险公司已经推出了有相关功能的保险产品，但更多的是集成品，也就是融资产保值增值、资产传承、对接信托等多个功能于一体的保险产品。我也曾联合多个保险行业的朋友对相关产品进行了测试，测试的结果并不理想，相关产品的性价比并不高。相较之下，我还是推荐应用终身寿险、增额终身寿险以及万能账户组合进行资产保值增值及传承的操作。具体的操作建议可以找专业的保险代理人咨询，这里仅说明一下大致的思路。

西方传统意义上应用保险来传承财产的主要方式是"终身寿险"。终身寿险本质上并不是纯粹的人寿保险，因为人终有一死，所以终身寿险理论上是定期寿险和遗产转移的一个组合品（定期寿险才是纯寿险）。西方社会的操作方法往往是投保人在年岁较大、准备进行资产传承时，购买大额的终身寿险，等到过世后，受益人（也就是继承人）可以得到一大笔财产。这实质上就等于把自己（投保人）的金融资产通过终身寿险转移给孩子（受益人）。随着保险的发展，现在已经有更好的方式可以实现这个目的，那就是应用增额终身寿险和万能账户的组合。在平时，可以把大额资金存入万能账户，然后购买多张增额终身寿险保单（特别要注意的是，每张增额终身寿险的保单要隔几年买，不要同时买入，而且每张增额终身寿险保单的缴费期限要拉长到二十年）。所以，在 40 岁甚至更早的时候，我们就可以考虑这个方案了。也许有人会问：才刚达到初级财富自由的水平就需要开始考虑做资产传承准备了吗？答案是是的，因为这个传承的过程是很漫长的，大额资金放在万能账户里，随时可以通过退保或者保单贷款把资金取出来用作投资，这样并不影响资金的使用效率。而且，通过增额终身寿险还可以把万能账户里的资金沉淀下来，随着我们岁数的增长，从万能账户转移到增额终身寿险的资金增多，这也意味着我们的可投资资金已经逐步沉淀下来，做好了用作资产传承的准备。考虑到年龄因素，这个思路完全符合相应的资产配置方案，因为岁数越大，投资就越少并越趋于平稳，我们主要的精力开始转向考虑资产传承的问题。因此，上述推荐的资产配置模型正好可以帮助我们实现资产传承的目标。对于具体如何来配置增额终身寿险的保单，因为涉及比较复杂的算法和验算报表，建议将专业的事交给专业的人，由专业的保险代理人来制定具体方案。